독서와 질문으로 생각하는 힘 키우기

하브루타
창의력 수업

누구도 연습하고 부모가 되는 것은 아닙니다.
자식을 만나는 순간 우리는 부모가 되고,
서툴고 실수하면서 조금씩 성장합니다.
아이들도 그럴 겁니다.
좋은 부모가 되기보다 좋은 친구가 되어주세요.
그러면 우리 아이들은
스스로 원하는 삶을 찾아갑니다.
그 길을 함께 바라보는 것, 멋지지 않을까요?

| 들어가며 |

질문으로 생각을 키우는
하브루타 독서

    4차 산업혁명 시대, 아이를 어떻게 키워야 할까? 인간과 기계의 대결 혹은 공존을 앞두고 많은 부모들이 궁금해하는 부분이다. 청소년들은 그들 나름대로 미래에 대한 불안으로 인한 스트레스를 받고 있다. 미래에는 인공지능이 사람들의 일자리를 대신한다고도 하고, 세계경제포럼이 발표한 한 논문에서는 미래 직업의 65%가 현재 교육 상황에서 교육할 수 없는 것이라고 말하기도 한다. 불안을 부추기는 뉴스가 연일 쏟아진다.

    세계적인 미래학자 제레미 리프킨은 '인간은 인공지능이 할 수 없는, 지금보다 더 창의적인 일에 몰두해야 한다'고 말한다. 미래 사회는 급변하는 상황 속에서 문제해결력을 갖춘 창의적인 인재를 원한다. 창조적인 생각을 바탕으로 새로운 아이디어를 낼 수 있는 힘을 가진 인재가 필요하다.

    창의성은 어떻게 키울 수 있을까? 창의성은 새롭고 독창적이고

유용한 것을 만들어내는 능력이다. 독창적이라고 해서 무에서 유를 만들 수는 없다. 스티브 잡스가 창의성은 연결이라고 했듯이 머릿속에 있는 갖가지 생각들이 우연히 연결될 때 창의적인 생각이 나온다. 그러자면 많은 정보와 생각이 머릿속에 있어야 한다. 그것을 제공하는 것이 바로 책이다. 우리는 책을 통해 살아가는 지혜를 얻고, 수많은 사람의 경험을 배우고, 상상력을 극대화한다. 이것이 책을 읽어야 하는 이유이기도 하다.

그럼에도 우리는 갈수록 책에서 멀어지고 있다. 여러 가지 원인이 있겠지만 근본 원인은 어려서부터 책 읽는 습관을 기르지 못한 데 있다. 아이에게 독서습관을 길러주고 싶다면 먼저 가정에서 책 읽는 분위기가 조성되어야 한다. 책 읽는 부모를 보고 자녀들은 자연스럽게 책 읽는 습관이 몸에 밴다. 부모는 아이의 거울이라고 하지 않던가.

단순히 책을 많이 읽는 것이 답은 아니다. 읽고 질문해야 생각이 자라기 때문이다. 간혹 책을 정말 많이 읽는데도 아무 효과가 없는 사람이 있다. 생각을 하지 않기 때문이다. 그럼 생각은 무엇 때문에 하게 될까? 질문이 있기 때문이다. '나는 무엇을 할 수 있을까?'라고 질문한다면 '나는 무엇을 할 수 있을까?'라는 생각을 하게 된다. 스스로 이런 사고의 과정을 만들지 못할 때는 주변에서 질문으로 도움을 줄 수도 있다. "너는 무엇을 하고 싶니?"라고 묻는다면 '나는 뭘 할 수 있을까?'라고 생각할 것이다.

질문하는 습관으로 노벨상도 받고, 세계적인 과학자도 되고, 돈을 많이 버는 부자도 되는 민족이 있다. 바로 유대인이다. 이 책에서는 질문하는 유대인의 대화법인 하브루타와 독서를 융합하여 아이들이 재미있게 책을 읽고, 함께 토론하면서 스스로 성장할 수 있는 방법을 찾아보려 한다.

　유대인은 다른 사람과 똑같은 풀이와 정답을 요구하지 않는다. 이러한 교육관은 새로움을 만들어내는 원동력이 된다. 다름을 존중하고 새로운 생각을 칭찬하는 문화가 수천 년을 나라 없이 떠돌던 그들을 실질적으로 세계를 지배하는 민족으로 성장시켰다.

　부모로서 아이들이 스스로 생각하고 판단하게 하는지 한번 되돌아보자. 아이들에게 스스로 인생의 질문을 가지고 살아가는 방법을 가르쳐야 한다. 유대인의 교육에서 그 힌트를 얻을 수 있다. 유대인이 오늘날 그렇게 큰 힘을 가지게 된 배경에는 그들의 독특한 교육 방법이 자리 잡고 있다. 그 교육의 핵심에 '하브루타'가 있다. 유대인이 창의력, 논리력, 유연성이 매우 뛰어난 민족이 된 바탕에는 혼자서 독서하는 우리와 다르게 함께 책을 읽고 주제를 가지고 토론하는 하브루타 독서법이 있었다.

　이 책은 가정에서 아이들과 하브루타 독서를 실천할 수 있도록 방법을 알려주는 데서 그치지 않고 하브루타 독서토론을 진행한 사례들까지 소개한다. 특히 청소년들이 책 고르는 일을 돕기 위하여 추천도서 목록과 하브루타 독서토론 주제도서를 포함하여 100여 권의 책을 소개한다. 대부분 그동안 청소년이 읽으면 좋은 책으로 선정된 것들이다. 이 책들을 통해 책 읽기가 습관화된다면 아이들은 좀 더 깊이 있는 독서를 할 수 있을 것이다. 하브루타 독서를 통해 서로를 이해하고 소통하면서 자녀들의 지적 성장까지 이끌어낼 수 있기를 바란다.

살면서 좋은 일이 있을 때 생각나는 사람들, 그리고 이 책이 나오기까지 도움을 주신 많은 분들이 있다. 아주 어린 시절부터 늘 책 읽는 모습을 보여주신 나의 어머니, 가족이라는 울타리 안에서 함께 살아가는 언니, 오빠, 동생, 그들은 존재 자체만으로도 힘

이 된다. 책 읽는 삶이 귀하다고 가르쳐주신 김수연 목사님, 내 오랜 벗이자 동료인 현주, 같은 일을 하면서 서로에게 힘이 되어주는 동료 관장들과 일 많은 대치도서관에서 언제나 열심히 일하는 박인순, 이숙진, 김윤미, 안의채 사서 선생님들, 하브루타 독서토론에 직접 참여하고 그 사례를 모아주신 많은 분들과 토론에 참여해준 유나와 성은이까지 진심으로 고마운 마음을 전한다.

리스컴 출판사의 이진희 사장님과 모든 직원, 특히 편집에 많은 도움을 주신 남은영 님에게도 감사한 마음을 전한다.

마지막으로 엄마 인생에 가장 좋은 선물인 민혜, 민주 사랑해!

유순덕

| 차례 |

들어가며
질문으로 생각을 키우는 하브루타 독서 • 6

1장 아이들의 미래에 가장 중요한 책 읽기

4차 산업혁명 시대, 아이를 어떻게 키워야 할까? • 18

책을 읽어야 하는 이유 • 22

좋은 책이 좋은 인생을 만든다 • 26

내 아이를 위한 좋은 책 • 30

책 읽는 부모 옆에 책 읽는 아이 있다 • 38

2장 읽고 질문해야 생각이 자란다

생각은 질문에서 시작된다 · 46
생각은 자유롭게 질문하는 분위기에서 자란다 · 50
스스로 깨닫게 하는 질문의 힘 · 54
질문형 교육이 좋은 이유 · 60
질문이 있어야 답도 있다 · 64

3장 창의력을 키우는 기적의 유대인 독서법

유대인의 금요일 가족학교 · 70
노벨상 받는 유대인의 토론법, 하브루타 · 74
하브루타는 해답을 찾아가는 과정이다 · 82
하브루타 독서로 책 읽는 습관을 들인다 · 86
하브루타 독서, 왜 좋을까? · 90
하브루타 독서, 어떻게 할까? · 98

4장 아이와 함께하는 첫 하브루타 독서

누구와 어떤 책으로 할 것인가? • 104

주제도서 함께 읽고 이야기 나누기 • 108

논제 찾고 질문 만들기 • 112

하브루타 독서토론 진행하기 • 116

간단하게 논설문 작성하기 • 126

하브루타 독서토론을 할 때 주의할 점 • 128

5장 사례로 배우는 하브루타 독서토론

사례 1 「기억 전달자」 하브루타 독서 • 136
　　　초등학교 5학년 도윤이와 대치도서관장 유순덕

사례 2 「요랬다조랬다 할머니」 하브루타 독서 • 146
　　　초등학교 4학년 민아와 엄마 이승옥

사례 3 「두 개의 머리를 가진 아이」 하브루타 독서 • 152
  초등학교 5학년 원태와 엄마 김민주

사례 4 「질문과 대답」 하브루타 독서 • 156
  초등학교 6학년 수진과 엄마 유병임

사례 5 「부자와 현인」 하브루타 독서 • 164
  초등학교 6학년 세현과 엄마 이영숙

사례 6 「복수와 미움」 하브루타 독서 • 172
  초등학교 5학년 민지와 엄마 이현순

사례 7 「동물농장」 하브루타 독서 • 178
  중학교 1학년 민서와 엄마 김한나

사례 8 「왜 세계의 절반은 굶주리는가?」 하브루타 독서 • 188
  중학교 1학년 민서, 가은, 성수, 지민, 동영

사례 9 「외투」 하브루타 독서 • 198
  중학교 1학년 동윤, 현민과 엄마 임정현

사례 10 「수요일의 기차 여행」 하브루타 독서 • 206
  중학교 1학년 동영과 엄마 이승옥

당신의 인생을 가장 짧은 시간에 가장 위대하게 바꿔줄 방법은 무엇인가? 만약 당신이 독서보다 더 좋은 방법을 알고 있다면 그 방법을 따르기 바란다. 그러나 인류가 지금까지 발견한 방법 중에서 찾는다면, 결코 당신은 독서보다 더 좋은 방법을 찾을 수 없을 것이다.

- 워런 버핏

1장

아이들의 미래에 가장 중요한 책 읽기

4차 산업혁명 시대, 아이를 어떻게 키워야 할까?

요즘 많이 회자되는 4차 산업혁명에 대해 한 번쯤 들어봤을 것이다. 매년 초 세계의 저명한 기업인, 경제학자, 저널리스트, 정치인 등이 모여 범세계적 경제문제를 토론하는 다보스포럼에서 4차 산업혁명을 화두로 꺼낸 이후 이에 대한 관심이 뜨거워졌다. 특히 자녀를 키우는 부모 입장에서 다가올, 아니 현재 우리 삶에 스며든 4차 산업혁명에 대한 궁금증은 더욱 크다. 자녀가 장차 살아갈 시대가 어떻게 펼쳐질지, 어떤 준비를 시켜야 하는지 촉각을 곤두세울 수밖에 없다.

영국에서 증기기관이 발명되면서 산업혁명이 촉발되었는데, 바로 1차 산업혁명이다. 이후 전기와 컨베이어 벨트가 발명되면서 2차 산업혁명이, 컴퓨터가 등장하면서 3차 산업혁명이 일어났다. 여기서 더 나아가 모든 사물과 데이터를 인터넷으로 연결하는 초연결사회가 되고, 단순한 기계가 아닌 인공지능을 가진 AI가 발전하면서 기계문명이 인간의 고유 영역에 도전하는 시대로 바꾸는 것이 4차 산업혁명이다. 지금까지의 기계는 단지 인간의 육체를 대체하는 수준에 머물러있었다. 지식노동은 인간이 기계에 비해 확고한 우위를 점했다. 그러나 4차 산업혁명 시대에는 기술이 눈부시게 발전하면서 기계가 인지적 작업까지 수행한다. 이전에 없던, 상상하기도 힘든 미래가 펼쳐질 것이다. 이제는 개인의 능력이 중시되는 시대, '세상을 바꾸는 아이디어'를 가진 아이들이 미래의 주인공이 될 수밖에 없는 세상이다.

2016년 우리나라에서 구글의 인공지능 프로그램인 알파고와 이세돌 9단의 바둑 대결이 있었다. 세기의 대결에 전 세계의 이목이 집중되었다. 대결이 끝나고 우연히 한 방송사에서 세계적인 프랑스 소설가 베르나르 베르베르와의 인터뷰가 있었다. 그는 이렇게 말했다.

"인공지능은 늘 관심 갖고 지켜보는 분야입니다. 제가 쓴 「제3의 인류」에서 결국에는 AI가 승리할 수도 있다는 가능성을 열어두기도 했죠. 사실 핵심은 컴퓨터가 바둑이나 다른 게임에서 인간을 이기느냐 마느냐가 아니라, '아 그래, 이제 내가 누군지 알겠다', '당신들 인간이 나를 만들었군요'라는 것을 이해하느냐 여부입니다. 그렇게 되면 더 이상 '지능'이 아니라 '의식'을 갖게 되는 거죠. 제 생각에는 약 10년 후면 의식을 가진 인공지능이 출현할 것 같습니다. 아마도 인간이 새로운 종, 새로운 개체를 창조해냈다고 볼 수 있을 것 같은데요, 이런 발전이 유익할지 혹은 악용될지 모르겠지만 흥미진진하게 지켜보고 있습니다."

상상력, 창의력, 생각하는 힘이 중요하다

요즘 청소년들은 사회 통합적인 측면뿐 아니라 다방면에서 압박을 받고 있다. 압박이 경쟁을 통한 효율성 강화로 이어지기도 하지만, 다른 한편으로는 스트레스에 시달리게 하여 심리적으로나 육체적으로 악영향을 끼치기도 한다. 우리나라 청소년 행복지수가 OECD 국가 중 꼴찌인 것만 봐도 짐작할 수 있다. 여기서 한 발 더 나아가 엄청난 변화를 몰고 올 4차 산업혁명을 앞두고 있으니 청소년들이 미래에 대한 불안이나 스트레스를 받는 것은 당연하다.

베르나르 베르베르는 인터뷰 말미에 미래의 청소년에게 필요한 것이 무엇이냐는 질문을 받았다. 그는 청소년에 대한 자신의 생각을 이렇게 말했다.

> "제가 상상력 덕분에 생계를 꾸려가기 때문에 저도 상상하는 습관을 키우려고 노력합니다. 미래는 상상하는 사람들의 것이라고 생각하는데, 미래에 어떤 일들이 펼쳐질지 알고, 우리 아이들의 교육도 거기에 맞춰 준비해야 합니다."

알파고와 이세돌의 바둑 대결은 우리가 맞이할 4차 산업혁명의 한 단면을 보여주는 사건이었다. 알파고가 승리하면서 많은 사람이 충격을 받기도 했다. 인공지능과 인간의 미래에 대한 진지한 고민이 시작되는 시발점이었다.

이미 미래는 우리 곁에 와있다. 인간만이 할 수 있다고 믿었던 모든 영역을 인공지능이 대신할 수 있다는 것을 눈으로 직접 보고 있다. 인공지능이 기사 작성을 뛰어넘어 소설에까지 도전해 화제가 된 바 있고, 세계 첫 의료용 인공지능인 IBM 왓슨이 의사로서 활약 중이다. 감히 상상하기도 어려운 미래가 곧 현실로 다가올 예정이다.

4차 산업혁명에서 중요한 문제 중 하나는 일자리다. 인간을 대체하는 지능형 기계가 등장함에 따라 사람들은 일자리를 잃을까 고민한다. 우리 아이들이 살아갈 미래 사회를 머릿속에 그려보면 지금까지와는 분명 다른 교육이 필요하다는 것을 절실히 느낄 수 있다. 과연 무엇에 초점을 맞춰 가르쳐야 할까?

그동안 교사가 일방적으로, 주입식으로 가르치던 교육은 과거의 유물이 되어야 한다는 것을 이제는 누구나 인정한다. 답이 정해져있는 주입식 교육으로는 새로운 시대가 요구하는 인재를 키울 수 없다. 전문가들은 창의성, 소통, 협력, 문제해결력이 필요하다고 강조한다. 이러한 능력을 키우는 대안으로 독서가 주목받고 있다. 앞으로 우리 아이들 교육은 기계가 대신할 수 없는 깊이 있는 사고, 즉 생각하는 힘, 생각의 근육을 키우는 방향으로 바뀌어야 하기 때문이다.

책을 읽어야 하는 이유

다이어트를 하다가 요요현상이 찾아와 힘들어하면 트레이너들은 이렇게 말한다. "몸에 근육이 없어서 살이 쉽게 찌는 겁니다. 몸에 근육을 만들어야 해요. 그러려면 최소한 6개월 이상의 기초 훈련이 필요합니다."

우리 몸에 근육이 있어야 체형이 단단해지는 것처럼 생각의 힘을 키우려면 생각 근육이 필요하다. 그것이 하루가 다르게 변화하고 발전하는 미래 사회에 적응할 수 있는 생각의 힘을 키우는 첫걸음이다. 생각 근육은 어떻게 키워야 할까? 헬스장 트레이너가 기초 훈련을 알려주듯 아이들에게도 도움을 주는 매개체가 필요하다. 그 매개체로 책만 한 것이 없다. 살아가는 지혜를 얻고, 수많은 사람의 경험을 배우고, 상상력을 극대화할 수 있도록 돕기 때문이다.

생각 근육을 키워라

많은 전문가가 4차 산업혁명을 맞아 전통적인 일자리가 줄어들 것이라고 전망한다. 그래서 앞으로는 지식을 융합하고 창조할 줄 아는 사람만이 살아남을 것이라고 강조한다. 4차 산업혁명 시대에 요구되는 문제해결 능력, 창의융합 능력, 협업 능력 등은 다양한 시각으로 문제를 바라보고 해결하기 위한 능력이다. 이 능력을 키우는 바탕이 되는 것이 독서다. 2015년 개정한 7차 교육과정이나 2차 도서관발전종합계획에서도 가장 강조한 부분이 다름 아닌 '독서를 바탕으로 한 인문 소양 교육의 활성화'였다. 이는 초·중학교 학생들의 독서습관 정착을 위한 노력으로, 정부에서도 청소년을 대상으로 하는 교육정책 중 가장 우선시한다.

미국의 매리언 울프 교수는 저서 「책 읽는 뇌」에서 독서할 때는 다양한 뇌 부위가 진화하고 기억력, 사고력, 창의력이 모두 좋아진다고 주장한다. 책을 안 읽는 사회는 인간도 퇴화한다. 디지털 기기에 의존하는 10대들은 그때그때 정보를 얻는 데만 그쳐 더 이상의 발전을 기대하기 힘들다고 말한다. 매리언 교수는 자신의 아이가 난독증이 있어 독서에 관심을 갖게 되었다. 꾸준히 노력한 결과, 아이의 난독증을 독서하는 습관으로 고칠 수 있었다며 다음과 같이 말했다.

"세계 어느 문화권에서든 아동 교육에 투자했을 때 GDP가 늘어난다는 연구 결과가 있습니다. 어릴 때 수학(修學) 능력을 기르는 독서습관을 들이는 것이야말로 아이들 교육에 투자하는 셈이고, 결국 사회 전체를 잘살게 합니다."

그는 독서가 개인의 교육에 큰 영향을 미치고, 사회와 나라의 경제 수준을 한 단계 끌어올린다고 주장한다. 이렇게 나라가 아이들 교육, 특히 독서에 투자할 때 그 나라의 경제가 발전하는 것처럼, 가정도 아이의 독서 교육에 집중한다면 그 가정의 발전에 도움이 되지 않을까.

책을 읽으면 좋다는 거야 누구나 알지만 생각만으로 습관이 생기지는 않는다. 독서하는 좋은 습관을 만들려면 독서가 주는 가치가 무엇인지 절실히 느끼는 것이 우선이다. 공부를 열심히 하라고 강조하기보다 왜 공부를 해야 하는지를 스스로 깨닫게 하는 것이 필요하듯 말이다.

· · · ·

우리 몸에 근육이 있어야 체형이 단단해지는 것처럼
생각의 힘을 키우려면 생각 근육이 필요하다.

좋은 책이 좋은 인생을 만든다

어느 날 아침에 출근하는데 도서관 앞에 어른들이 길게 줄을 서서 기다리고 있었다. 우리 도서관에서 진행하는 'Noble English'라는 영어 고전문학 읽기 프로그램을 신청하기 위해서였다. 행여나 일찍 마감될까 걱정되어 아침 댓바람부터 줄을 서서 기다린 것이다. 이 강좌의 기획 의도는 아주 간단했다. 부모가 되고 사회인이 된 성인이 중·고등학교 시절에 읽었던 세계 문학을 다시 읽어보며 닫힌 감성을 깨우는 데 도움을 주고자 하는 것이었다. 하루하루 사는 데 바빠 옆도 뒤도 돌아볼 여유가 없었던 사람들에게 잠시 마음의 여유를 되찾아주고 싶다는 가벼운 마음으로 기획한 강좌였다.

신청한 사람들은 다양했다. 아이를 키우는 사람도, 이미 다 키워 성인이 된 자녀가 있는 사람도 있었다. 다양한 세대가 섞여있었지만 하나같이 입을 모아 말했다. "이런 책을 지금 다시 읽을 수 있어서 정말 행복해요." "지금 자라나는 청소년도 꼭 읽었으면 좋겠어요." 참석자 대부분은 청소년 시절 고전 문학을 읽으면서 사랑하는 법, 살아가는 법을 배웠고, 우리가 모르는 더 큰 세상이 있다는 것도 알게 되었다고 덧붙였다.

이 강좌는 지금까지 매주 1회씩 5년째 진행하고 있다. 5년간 참 많은 사람이 거쳐 갔다. 처음 기획할 때는 이렇게 오래가리라고 생각하지 못했다. 이 강좌가 많은 사람에게 뜨거운 반응을 얻는 이유는 뭘까? 아마도 살면서 힘들 때 항상 힘을 주던 책, 물질적인 양으로 측정할 수 없는 책의 힘을 잘 알기 때문일 것이다. 좋은 책은 세월이 지날수록 그 가치가 더해진다.

8년간 지금의 도서관을 맡아 운영하면서 거의 매일 아침 6시에 나와 인문학 관련 도서를 읽고 있다. 그 덕분인지 현재 도서관에서 진행하는 모든 프로그램을 기획하고, 일부는 진행도 한다. 2017년에는 전국 403개 도서관에서 진행한 길 위의 인문학 '예술로 읽는 시대의 철학'으로 전국 최우수 도서관으로 선정되어 문화체육관광부 장관상을 수상하기도 했다. 학교 다닐 때도 못 타본 상을 책을 읽어서 받았다고 웃으면서 말한다.

생각하게 해야 좋은 책이다

(사)작은도서관만드는사람들 김수연 대표가 늘 하는 말이 있다. '좋은 책이 좋은 인생을 만들고, 좋은 세상을 만든다'는 것이다. "좋은 책을 읽으면 좋은 인생을 살 수 있고, 좋은 인생이 모이면 좋은 세상이 됩니다. 그러니 여

러분 책을 읽어야 합니다." 또 '배고픈 사람에게 한 끼의 밥을 사주면 한 끼의 배고픔을 면하게 할 수 있지만, 좋은 책 한 권을 사주면 평생의 배고픔을 면하게 할 수 있다'고도 말한다.

책은 우리 삶의 다양한 곳에서 영향력을 행사한다. 평안과 위로를 건네기도 하고 삶의 지혜를 선사하기도 한다. 절망에 빠져있을 때 한 줄기 희망을 주기도 한다. 그렇다고 모든 책이 다 좋다고 할 수는 없다. 좋은 책과 나쁜 책을 구분하는 것은 쉽지 않다. 좋은 책이란 어떤 책을 말하는 것일까? 여러 가지 답이 나오겠지만 생각을 하게 만드는 책이 좋은 책이다.

부모가 아이에게 할 수 있는 최고의 선물은 책 읽는 습관을 길러주는 것이라는 말이 있다. 성공한 사람들을 보면 두 가지 공통점이 있는데 그 중 하나가 독서다. 아이가 책과 가까이하려면 부모가 어떻게 해야 할까? 부모가 먼저 책 읽는 모습을 보여주고, 성장 시기에 맞는 적절한 책을 선택할 수 있도록 도와주는 역할을 해야 한다. 특히 평생 책 읽는 습관을 들이기에 가장 좋은 때가 10대 청소년 시기다.

한 끼의 밥을 사주면
한 끼의 배고픔을 면하게 할 수 있지만,
좋은 책 한 권을 사주면
평생의 배고픔을 면하게 할 수 있다.

내 아이를 위한 좋은 책

우리 도서관은 청소년을 대상으로 진행하는 강좌의 경우 명확한 목적을 가지고 기획한다. 가장 큰 목적은 좋은 책을 많은 아이가 접할 수 있게 하는 것이다. 여기서 중요하게 고려하는 것은 참여하는 아이들의 수준에 맞는 책을 선정하는 것이다. 참여하는 아이들의 인식 수준이나 책을 읽은 경험이 제각각이기 때문에 책을 고르기가 결코 쉽지 않다. 책 선정에 공을 많이 들인다. 너무 쉬운 책이나 상대적으로 어려운 책은 독서에 대한 흥미를 잃게 한다. 아이의 독서력에 비해 너무 쉬운 책은 집중력을 떨어뜨리고, 어려운 책은 학원에서 하는 선행학습처럼 느껴져 독서를 또 하나의 공부로 받아들일 수 있다. 그러면 좋은 습관으로 이어지기 어렵다. 아이들이 살면서 좋은 책을 만나는 것은 인생의 멘토를 만나는 것과 같다.

그다음은 천천히 함께 읽고 이야기한다. 책 한 권을 한 달 동안 읽기도 한다. 책을 얼마나 빨리 읽느냐가 중요한 게 아니라 얼마나 오래, 깊이 읽느냐가 중요하기 때문이다.

  강사가 앞에 나와 일방적으로 강의하고 학생들은 가만히 앉아서 듣기만 하는 프로그램은 원칙적으로 진행하지 않는다. 강사가 혼자서 진행하는 방식은 실질적으로 강사만 똑똑해질 뿐, 듣기만 한 사람은 그 내용을 기억하는 시간이 그리 길지 않음을 경험으로 잘 알기 때문이다. 도서관에서 진행하는 프로그램까지 집에서 복습하게 하고 싶지 않기 때문이기도 하다.

내 아이의 독서, 어디서부터 시작할까?

  아이에게 독서습관을 길러주려면 부모의 도움이 필요하다. 아무것도 하지 않으면서 바라기만 한다면 어떤 변화도 생기지 않는다. 아이가 독서에 흥미를 가질 수 있도록 부모가 길잡이 역할을 한다면 아이가 즐겁게 책 읽는 모습을 보게 될 것이다. 독서도 재미있게 할 수 있다.

첫째, 내 아이가 무엇을 좋아하는지 유심히 살핀다. 함께 읽을 책을 선택하고 아이의 독서에 관심을 보여주면 좋다.

둘째, 읽고 난 후 질문을 통해 아이의 독서 환경을 파악한다. 무엇보다 부모가 함께 읽으면 좋겠지만 그럴 수 없다면 최소한 아이에게 부모가 항상 관심을 갖고 있다는 사실을 알게 한다.

셋째, 스스로 독서하는 습관이 생길 때까지 좋은 책을 고를 수 있도록 돕는다. 요즘은 청소년용으로 나온 다양한 분야의 책이 있어 선택의 폭이 넓다.

우리 도서관에서 가장 중요하게 생각하고 선택하는 분야는 사람이 살아가는 데 기준이 되고 방향을 잡아줄 수 있는 인문학 관련 도서다. 그다음으로는 역사에 중점을 두고 동서양의 역사를 알게 하는 데 다양한 노력을 기울인다. 역사책을 읽기 전에 반드시 세계지도를 나누어주고, 세계의 지리에 대한 이해를 돕기 위한 프로그램을 선행한다. 예를 들어 청소년을 대상으로 하는 '세계지리 & 역사 + 1'이라는 프로그램을 시작하기 전에 '세계지도 속 내 꿈 그리기'를 선행하여 자연스럽게 지도를 이해할 수 있도록 유도한다.

아이들에게 역사를 알게 하는 것은 매우 중요하다. 책을 읽어도 시대별 역사를 이해하지 못하면 문화, 철학 등 시대의 변화를 이해할 수 없음은 물론 과학, 경제적인 변화도 이해하기 어렵다. 아이들의 사고력을 확장시키려면 세계를 전체적으로 볼 수 있는 힘과 세계의 역사를 통해 현재와 미래를 볼 수 있는 힘을 갖게 하는 것이 중요하다.

아이의 독서 계획을 세울 때 유념할 것들

아이들이 독서를 또 다른 공부로 느끼지 않도록 부모가 너무 앞서서 이끌거나 속도를 내서는 곤란하다. 책을 함께 읽고 토론하고 지도도 아이들이 직접 그려보면서 스스로 즐겁게 역사를 알아갈 수 있도록 '바라보는 부모'가 되어야 한다. 천천히 오랫동안 읽은 책이 평생 기억에 남아 아이들이 살아가는 데 중요한 힘이 된다. 우리 도서관의 세계 역사 프로그램은 주제도서를 단행본 한 권으로 정해 3년째 진행하고 있으며 마무리될 때까지 아직 6개월이 남았다.

다음은 청소년 대상 프로그램을 계획할 때 세워둔 기본 원칙을 가정에서 적용할 수 있도록 변형한 것이다. 이 기준을 염두에 두면 좀 더 손쉽게 아이의 독서 계획을 세울 수 있을 것이다.

첫째, 아이가 즐길 수 있어야 한다.
둘째, 아이의 나이에 맞는 내용으로 선택한다.
셋째, 부모가 일방적으로 책을 선정하지 않는다.
넷째, 인문학과 관련된 고전을 읽게 한다.
다섯째, 주제를 정해 관련 도서를 고르고 연간 목록을 정리한다.

그동안 도서관에서 청소년 대상으로 진행한 관련 프로그램의 주제도서 중에서 인문학 관련 도서들로 100권을 선정했다. 요즘은 어려운 고전도 청소년용으로 쉽게 나와있어서 고전에 접근하기가 쉬워졌다. 집에서 아이들의 책을 선정할 때 참고하면 좋다.

청소년을 위한 인문학 추천도서 100선

번호	도서명	작가명
1	유토피아	토머스 모어
2	돈키호테	미겔 데 세르반테스
3	난중일기	이순신
4	백범일지	김구
5	10대에게 권하는 인문학	연세대학교 인문학연구원
6	올리버 트위스트	찰스 디킨스
7	호밀밭의 파수꾼	제롬 데이비드 샐린저
8	데미안	헤르만 헤세
9	탈무드	마빈 토케이어
10	체 게바라 평전	장 코르미에
11	독서의 기술	모티머 J. 애들러
12	톨스토이 단편선	레프 톨스토이
13	오디세이아	호메로스
14	모비 딕	허먼 멜빌
15	헤로도토스 역사	헤로도토스
16	국가	플라톤
17	니코마코스 윤리학	아리스토텔레스
18	다시 읽는 목민심서	정약용
19	플루타르크 영웅전	플루타르크
20	키케로의 의무론	키케로
21	행복한 왕자	오스카 와일드
22	일리아스	호메로스
23	허클베리 핀의 모험	마크 트웨인
24	아큐정전	루쉰
25	몽실 언니	권정생
26	징비록	유성룡
27	장자	장자

번호	도서명	작가명
28	이솝우화	이솝
29	걸리버 여행기	조너선 스위프트
30	논어	공자
31	아낌없이 주는 나무	쉘 실버스타인
32	어린 왕자	생텍쥐페리
33	맹자	맹자
34	생각의 탐험	최재천
35	조선상고사	신채호
36	사회계약론	루소
37	리바이어던	토머스 홉스
38	동물농장	조지 오웰
39	국부론	애덤 스미스
40	인형의 집	헨릭 입센
41	군주론	니콜로 마키아벨리
42	레미제라블	빅토르 위고
43	이기적 유전자	리처드 도킨스
44	정부론	존 로크
45	수레바퀴 아래서	헤르만 헤세
46	법의 정신	몽테스키외
47	고리오 영감	오노레 드 발자크
48	철학, 과학 기술에 말을 걸다	이상헌
49	오셀로	셰익스피어
50	두 우주 체계에 대한 대화	정창훈
51	검찰관	니콜라이 고골
52	마르코 폴로의 동방견문록	마르코 폴로
53	프랑켄슈타인	메리 셸리
54	한 권으로 읽는 조선왕조실록	박영규

번호	도서명	작가명
55	로빈슨 크루소	대니얼 디포
56	갈매기의 꿈	리처드 바크
57	세상에서 가장 짧은 세계사	존 허스트
58	자기 앞의 생	로맹 가리
59	청소년 인문학	도홍찬
60	꽃들에게 희망을	트리나 폴러스
61	자유론	존 S. 밀
62	프린키피아	뉴턴
63	폭풍의 언덕	에밀리 브론테
64	종의 기원	찰스 다윈
65	삼국유사	일연
66	홍길동전	정종목
67	춘향전	송성욱
68	10대를 위한 Justice 정의란 무엇인가	마이클 샌델
69	주홍글씨	너새니얼 호손
70	간디 자서전	마하트마 간디
71	양반전	박지원
72	오페라의 유령	가스통 르루
73	쿤의 과학혁명의 구조	박영대, 정철현
74	그리스 비극 걸작선	소포클레스, 에우리피데스
75	죄와 벌	도스토예프스키
76	소나기	황순원
77	지킬 박사와 하이드	로버트 루이스 스티븐슨
78	왕자와 거지	마크 트웨인
79	아틀라스 세계사	지오프리 파커
80	별	알퐁스 도데

칼데코트 & 뉴베리 수상작

번호	도서명	작가명
1	Tuck Everlasting	Natalie Babbit
2	Number the Stars	Lois Lowry
3	A Single Shard	Linda Sue Park
4	The Secret Garden	Frances Hodgson Burnett
5	The Whipping boy	Sid Fleischman
6	Dragonwings	Laurence Yep
7	River Boy	Tim Bowler
8	Holes	Louis Sachor
9	The Giver	Lois Lowry
10	Matilda	Roald Dahl
11	No Talking	Andrew Clements
12	Alchemist	Paulo Coelho
13	Maniac Magee	Jerry Spinelli
14	The Slave Dancer	Paula Fox
15	The Grey King	Susan Cooper
16	Last Stop on Market Street	Matt de la Peña
17	Out of the Dust	Karen Hesse
18	Dicey's Song	Cynthia Voigt
19	Charlotte's Web	E. B. White
20	Walk Two Moons	Sharon Creech

책 읽는 부모 옆에
책 읽는 아이 있다

취미가 무엇이냐고 물으면 흔히들 독서라고 말한다. 그런데 문화체육관광부가 발표한 2017년 국민독서실태 조사 결과를 보면 성인 10명 중 4명은 1년 동안 책을 한 권도 읽지 않은 것으로 나타났다. 1년에 책을 한 권이라도 읽는 비율을 나타내는 연간 독서율이 성인은 59.9%, 학생은 91.7%였다. 평균 독서량은 2015년도보다 0.8권이 줄고, 도서관 이용률은 6%p 감소했다. 91.7%라는 학생들의 독서율도 알고 보면 대부분 공부에 필요하다는 이유로 학교에서 추천한 도서였다. 학생들이 원해서 자발적으로 읽는 자율 독서는 매우 저조한 게 현실이다.

10년 전만 해도 지하철을 타면 신문이나 책을 읽는 사람이 많았다. 요즘은 눈을 씻고 찾아봐도 없다. 다들 스마트 폰을 들여다보며 웹툰을 읽고, 동영상을 보고, 기사를 찾는다. 새로운 지식을 얻고 새로운 기술과 아이디어를 얻기 위해 책을 손에서 놓지 않는 선진국의 시민들을 보면 독서를 등한

시하는 우리의 풍토와 비교된다. 통계를 보면 더 정확히 알 수 있다. 스웨덴, 덴마크, 영국, 미국, 독일 등 각종 경제지표나 국가경쟁력을 나타내는 여러 지수들이 높은 선진국의 독서율은 한결같이 80%를 웃돈다.

우리는 왜 점점 책에서 멀어지고 있는 걸까? 여러 가지 원인이 있겠지만 근본 원인은 어려서부터 책 읽는 습관을 기르지 못한 데 있다. 아이에게 독서습관을 길러주고 싶다면 먼저 가정에서 책 읽는 분위기를 조성한다. 아이들은 책 읽는 부모를 보고 자연스럽게 책 읽는 습관이 몸에 밴다. 부모는 아이의 거울이라고 하지 않던가.

산만한 아이를 세계적 기업가로 키운, 빌 게이츠의 부모

빌 게이츠 하면 모르는 사람이 거의 없다. 20세기 후반과 21세기 초 정보기술 시대를 선도해온 마이크로소프트 창업자로, 세계에서 돈을 가장 많이 버는 부자인 동시에 기부를 가장 많이 하는, 21세기 가장 성공한 사람이라고 볼 수 있다.

그는 하버드대학교를 중퇴하고 사업을 시작하여 오늘날과 같은 성공을 거두었다. 빌 게이츠는 성공 이유를 자신이 살던 마을의 작은 도서관과 부모님이 가르쳐준 독서습관이라고 밝힌 적이 있다. 그는 현재의 자신을 만들어준 것이 하버드대학교가 아니라 독서라고 말한다. 그가 한 말 중 '나를 키운 건 동네 도서관이었다'는 고백은 널리 회자되었다. 빌 게이츠가 마이크로소프트 창업으로 성공한 이후 처음으로 한 기부도 미국의 공공도서관을 지원하는 일이었다. 빌 게이츠가 도서관과 책을 소중히 여기도록 만든 사람은 다름 아닌 그의 부모다.

어린 시절 빌 게이츠는 상당한 말썽꾸러기였다고 한다. 산만한 아들을 위해 부모가 선택한 방법은 도서관에 데리고 가는 것이었다. 빌 게이츠의 아버지가 어린 빌 게이츠에게 물려주고 싶은 습관은 독서였다. 빌 게이츠의 부모는 아들과 함께 책을 읽었다. 가족끼리 큰 소리로 책을 읽었으며, 식사 중에도 모르는 단어가 있다고 하면 바로 서재에 들어가 사전을 찾아서 알려주었다. 그의 아버지는 빌 게이츠가 평일에 텔레비전을 볼 수 없게 하고 자주 도서관에 데리고 간 것으로 유명하다.

빌 게이츠는 부모와 함께 독서토론을 하며 자연스럽게 사고력과 논리력을 키울 수 있었다. 아버지의 노력 덕분에 때와 장소를 가리지 않고 책을 읽어서, 나중에는 오히려 책에 중독된 그를 부모가 걱정할 정도로 책벌레가 되었다. 자신의 성공이 어린 시절의 독서 덕분이라고 밝힐 정도로 책은 빌 게이츠에게 매우 소중한 존재였다. 지금도 빌 게이츠는 평일에 한 시간, 주말에는 세 시간을 책을 읽는 데 보낸다고 할 만큼 독서광이다.

어린 시절 트라우마를 극복하게 한, 정조의 할아버지

조선의 22대 임금 정조는 11세에 아버지인 사도세자가 뒤주에 갇혀 죽는 것을 목격하고도 조선 후기 학문과 문화를 꽃피운 훌륭한 임금이 되었다. 정조 이산은 세종대왕과 함께 책벌레 임금으로 유명하다. 많은 사람이 그를 책으로 세상을 밝힌 독서대왕이라고 부를 만큼 책 읽기를 좋아한 임금이었다. 그러나 정조가 어린 시절의 트라우마를 극복하고 올바르게 성장할 수 있었던 이유 중 하나는 할아버지인 영조의 특별한 교육법이었다.

영조는 정조를 위해 최고의 스승을 찾아주고 새로운 학문을 익히게 했다. 책 읽기를 좋아하는 정조를 위해 늘 관심을 갖고 읽은 책에 나온 내용에 대해 직접 질문했으며, 어린 정조가 대답하면 매우 칭찬했다고 한다. 이런 일이 지속적으로 이어져 할아버지와 손자는 책을 통해 소통하는 관계가 되었다.

훗날 정조가 임금이 되어 새로운 정치를 하려 했을 때 이미 부패한 관료들 때문에 어려움에 처하곤 했다. 정조는 규장각이라는 왕립 도서관을 만들어 자신에게 필요한 인재를 양성하는 곳으로 활용했다. 규장각은 현재의 서울대도서관 전신이다. 정조가 문무에 능통한 임금이 될 수 있었던 가장 큰 에너지는 독서에서 나온 것이다. 그랬기 때문에 정조 이산은 아버지를 죽인 할아버지를 원망하지 않았다. 영조는 자신이 목숨을 거둔 아들의 아들을 잘 키워냄으로써 마음속 상처를 치유하고자 한 것은 아니었을까.

성균관대학교 한문학과 안대회 교수가 펴낸 「정조 치세어록」을 보면 정조가 얼마나 독서를 중요하게 생각했는지 알 수 있는 대목이 나온다.

"'하늘 아래 책을 읽고 이치를 연구하는 것만큼 아름답고 고귀

한 일이 무엇이 있겠는가?' 나는 일찍부터 이렇게 생각해왔다. 독서는 남는 시간에 하는 것이 아니다. 매일매일 시간을 내어 독서하라."

••••
빌 게이츠는 현재의 자신을 만들어준 것이
하버드대학교가 아니라 독서라고 말한다.

질문이 정답보다 중요하다. 곧 죽을 상황에 처했고, 목숨을 구할 방법을 단 한 시간 안에 찾아야 한다면, 한 시간 중 55분을 올바른 질문을 찾는 데 사용하겠다. 올바른 질문을 찾고 나면, 정답을 찾는 데는 5분도 걸리지 않을 것이다.

– 앨버트 아인슈타인

2장

읽고 질문해야 생각이 자란다

생각은 질문에서 시작된다

책을 읽는 것은 생각을 키우기 위해서다. 우리가 일상적으로 생각이란 것을 하게 되는 과정을 살펴보자. 사람은 자신이 생물, 무생물을 대상으로 뭔가가 궁금하거나 원하는 게 있을 때 질문을 한다. 반대로 상대가 이와 같은 궁금증을 풀기 위해 질문을 해올 때 대답하기 위해 생각을 한다. 그런 생각들이 자라나면서 내적 성장을 이루고 그 성장의 척도에 따라 자신이 꿈꾸는 자아상에 점점 가까워진다. 예를 들어 아침에 잠에서 깨어나면서 우리는 이런 생각을 한다.

'오늘은 날씨가 좋을까?'
'오늘 아침은 뭘 먹을까?'
'오늘 나에게 어떤 일이 일어날까?'

아주 일상적인 물음에서 시작하여 자신의 미래에 대해서도 궁금해 한다.

'나는 어떤 친구를 만나게 될까 또는 어떤 사람을 사랑하게 될까?'
'나는 어떤 직업을 가지게 될까?'
'내 인생은 어떻게 살아야 하나?'
'이 세계에 과연 완전한 평화의 시대가 올 것인가?'

미시적인 생각부터 거시적인 생각에 이르기까지 우리는 늘 나와 나를 둘러싼 모든 주제에 대한 질문을 가지고 있다. 이러한 질문들이 우리를 성장시키는 에너지가 된다.

질문은 생각을 자극한다

생각이 멈추면 성장도 멈춘다. 즉 사고의 무의식 상태가 된다. 사람은 보통 20세를 전후하여 생물학적으로 성장호르몬의 생성이 멈춘다. 그와 동시에 외적 성장을 대변하는 키도 더 이상 자라지 않는다는 것이 일반적인 이론이다. 그러나 꿈, 사랑, 바람 등 우리의 삶을 실질적으로 지배하고 행복과 불행을 결정하는 것은 내적 호르몬, 즉 정신이고 마음이다.

외적 성장은 생물학적으로 성장호르몬이 생성되는 시기에 이루어진다는 한계가 있지만, 내적 성장은 개개인의 노력에 따라 그 시기가 각기 다르다.

생각은 개인의 의지와 노력에 따라 생물학적 나이와 상관없이 지속가능하다. 내적 성장호르몬인 생각은 어떻게 생성될까? 그것은 생각의 힘을 키워주는 질문에서 시작된다.

'나는 무엇을 할 수 있을까?'라고 질문을 한다면 '나는 무엇을 할 수 있을까?'라는 생각을 하게 될 것이다. 스스로 이런 사고의 과정을 만들지 못할 때는 주변에서 질문으로 도움을 줄 수도 있다. "너는 무엇을 하고 싶니?"라고 묻는다면 '나는 뭘 할 수 있을까?'라고 생각할 것이다.

이렇듯 질문은 생각할 수 있는 기회를 제공해 내적 성장을 일으키는 힘이 있다. 때로는 질문에 멋을 부리고 싶기도 하지만, 질문이 꼭 멋지고 어려워야 할 이유는 없다. 어떤 질문이든 그 자체로 누군가의 인생을 좋은 방향으로 이끌어주는 견인차가 된다는 것을 잊지 말자.

····

질문은 생각할 수 있는 기회를 제공해
내적 성장을 일으키는 힘이 있다.

생각은 자유롭게
질문하는 분위기에서 자란다

　　　　　　　　　　질문도 나이를 먹는다. 질문이 성장하기 위해서는 성장 동력, 즉 거름이 필요하다. 질문의 거름은 무엇일까? 아마도 환경일 것이다. 어떤 환경에서 성장하느냐에 따라 성장의 속도나 기한이 결정된다. 예를 들어 아이가 "이게 뭐야?"라고 질문했을 때 "그건 ○○이야"라고 바로 답을 알려주거나 아예 대답조차 해주지 않는다면 질문은 거기서 단절되고 만다. 그러나 아이의 질문에 "글쎄, 이게 뭘까?"라고 다시 질문한다면 아이는 "음, 이게 뭐지?" 하고 생각하거나 "이건 ○○이야"라고 대답할 수 있다. 이때 부모가 다시 "아, 그렇구나. 이게 ○○이야?"라고 물으면 아이는 스스로 생각을 이어가거나 다시 질문하게 된다.

　　질문은 혼자서 성장하지 않는다. 부모나 친구, 선생님, 이웃이 함께 도와주어야 한다. 질문을 계속하게 하는 것은 생각하는 힘을 키우는 중요한 매개체가 되고 질문하는 즐거움도 배가시킨다.

혼자보다 둘이 생각하면 3가지 의견이 나온다

우리 주변을 둘러보면 현실은 이와 거리가 멀다. 집에서 가장 많이 하거나 듣는 말이 아마도 "조용히 공부해"이거나 "조용히 놀아라"일 것이다. 질문하는 문화에 익숙하지 않기 때문이다. 부모가 그런 환경에서 성장하지도 않았고, 사회 분위기도 여전히 경직되어있다. 극단적으로 말하면 질문이 불편한 분위기다.

그러나 생각해보자. 조용히 공부하려면 암기밖에는 방법이 없다. 공부를 하다가 무언가에 대해 의문점이 생길 때 선생님, 친구, 부모, 누구에게든 물어보면 훨씬 이해가 빨라지고 문제해결 능력과 효율성이 커질 것이다. 노는 것도 마찬가지다. 조용히 노는 것이 정말 재미가 있을까? 이런 분위기가 오히려 은밀하게 숨어서 좋지 않은 게임에 빠지거나 다른 사람과 소통하지 않고 혼자서 지내는 것에 익숙해지도록 만드는 것은 아닐까.

유대인의 속담에 '혼자서 생각하는 것보다 둘이서 생각하면 3가지의 의견이 나온다'는 말이 있다. 함께 질문하고 답을 찾으면 혼자서 하는 것보다 많은 것을 얻을 수 있다는 말이다. 반면 우리나라는 아주 어릴 때부터 조용한 아이가 착한 아이로 칭찬을 받았다. 그렇게 성장한 우리 아이들은 지식을 습득하는 면에서는 월등히 우수한 성적을 내지만, 그 이상의 지혜를 발휘해야 하는 분야에서는 두각을 나타내지 못한다. 우리나라 학생들이 세계 청소년 수학 올림피아드에서 우수한 성적을 내면서도 세계적인 수학자나 과학자가 되지는 못하는 것을 봐도 알 수 있다.

'지식 이상의 지식', 즉 사고력이나 창의력을 요구하는 높은 단계의 지혜를 얻기 위해서는 인간이 가진 능력을 최대한 발휘할 수 있도록 도와야 한다. 가장 좋은 방법이 질문이다. 가정, 학교, 사회에서 질문하는 문화를 만들어 주는 것이 아이들의 사고력이나 창의력을 키우는, 가장 좋은 성장 동력이 될 것이다.

. . . .

함께 질문하고 답을 찾으면
혼자서 하는 것보다 많은 것을 얻을 수 있다.

스스로 깨닫게 하는
질문의 힘

서양철학의 시초라고도 하는 그리스의 철학자 소크라테스는 우리에게 '너 자신을 알라'는 말로 더 유명하다. 그러나 이 말은 소크라테스가 처음 한 말이 아니다. 고대 희랍의 델피(아폴로)신전 입구 현판에 새겨진 경구였다고 한다. 이 문구를 소크라테스가 사용하면서 유명해지기 시작했다. 여기에는 '아무것도 모르는 자신을 똑바로 알아야 한다. 인간의 지식은 진리에 비하면 아주 작은 부분에 지나지 않기 때문이다'라는 뜻이 담겨있다. 그는 자신이 아무것도 모른다는 사실을 알아야 거기서부터 진리를 깨달을 수 있다고 주장하였다.

소크라테스가 진리를 깨닫는 방법은 질문에 있다. 소크라테스는 단 한 권의 저서도 남기지 않았다. 다만 그의 제자 플라톤의 저서에 질문하는 주인공으로 등장한다. 플라톤이 쓴 「향연」, 「크리톤」, 「메논」 등은 소크라테스와 제자의 대화 형식으로 이루어져있다. 이 책들 속에 등장하는 소크라테스는 제자들을 향해 끊임없이 질문을 던진다. 질문이 곧 진리를 찾아가는 유일한 방법이다. 소크라테스는 하나의 질문을 다양한 관점에서 조망하려면 사고 체계가 열려있어야 한다고 주장한 철학자였다.

꼬리에 꼬리는 무는 소크라테스의 질문법

소크라테스의 질문을 현대사회에서 일어나는 문제를 해결하는 대안으로 제시한 작가이자 교육자가 있다. 「소크라테스 카페」의 저자 크리스토퍼 필립스다. 현대판 소크라테스로 알려진 필립스는 온라인과 오프라인에서 토론장을 만들어 대중에게 쉽고 유쾌한 철학적 사유를 전달한다. 질문을 던져서 상대가 자기 생각의 오류를 스스로 깨닫게 하는 소크라테스식 질문법을 전파하는 데 힘쓰고 있다. 그는 소크라테스의 질문법에 대해 다음과 같이 설명한다.

"소크라테스식 문답에서는 앞서 나온 의견의 꼬리를 물고 튀어나오는 의견들을 그냥 지나치지 않고 꼼꼼하게 살피려는 노력이 이루어지고, 참석자들은 반대 의견이나 대안을 내놓는 데 주저함이 없다. 이것은 소크라테스식 문답이 비체계적인 마구잡이식 문답과 다른 점이다. 이토록 지칠 줄 모르는 열정으로 질문을 물 샐 틈 없이 짚어보는 방식은 일견 과학적인 연구 방법을 닮았다. 그런데 과학적 탐구는 계측 불가능한 것은 연구 대상이 될 수 없다는 믿음을 우리에게 심어주곤 한다. 이런 점에서 소크라테스식 탐구는 과학적 탐구 방식과도 다르다. 측정 불가한 것이 탐구의 대상이 될 수 없다면, 인간에게 본질적인 의미를 갖는 슬픔, 기쁨, 고통, 사랑을 무슨 수로 다루겠는가."

위의 문장에서 중요한 2가지 사실을 발견할 수 있다. 하나는 유대인의 질문법이 소크라테스식 질문법과 닮았다는 것이다. 꼬리에 꼬리를 물고 계속 질문하여 해답을 찾으려는 방법이 같다. 둘째는 과학적 탐구 방식 또한 질문으로 시작한다는 점이다. 다만 과학은 계측이 가능한 것까지만 질문하지만, 소크라테스의 질문법은 인간에게 본질적인 의미를 갖는 슬픔, 기쁨, 고통, 사랑에 대한 부분까지 나아간다.

질문은 잠재력을 끌어낸다

「소크라테스 카페」에서 필립스는 아이들과 처음으로 만날 때마다 던지는 질문이 있다며 소개한다.

나는 아이들과 첫 만남을 가질 때마다 물이 반쯤 든 물잔을 준비한다. 그리고 아이들에게 묻는다. "이 물잔은 반쯤 차있는 걸까, 아니면 반쯤 비어있는 걸까?"

이러한 질문은 딱 떨어지는 정답을 말할 수 없는 질문이다. 질문의 핵심은 지식이 얼마나 깊은지를 묻는 것이 아니라 아이들에게 다양한 생각과 의견을 요구하는 것이다. 이 질문에 대한 아이들의 대답은 각양각색이다.

"반쯤 비었으면서도 반쯤 차있어요"라고 누군가 대답한다. "물이 반쯤 차있고요, 물이 반쯤 비어있어요." "공기가 반쯤 비어있고, 물이 반쯤 비어있어요." 토끼 같은 눈을 가진 아이가 함박꽃처럼 큰 웃음을 지으며 대답한다. 자신의 멋진 생각에 매우 흡족한 표정이다. "그 유리잔은 완전히 차있어요. 반은 물 분자로, 반은 공기 분자로 차있어요." 또 다른 아이가 말한다.

정답은 따로 없다. 다만 '이 물잔은 반쯤 차있는 걸까, 아니면 반쯤 비어있는 걸까?'에 대해 아이들과 함께 철학 토론을 하기 위해 질문을 던진 것이다. 이 질문에 대한 아이들의 대답은 차이가 많다. 일반적으로 재능을 타고난 똑똑하다는 아이들은 이것 아니면 저것, 즉 비었거나 찼거나 2가지 선택만을 놓고 토론을 벌이기 쉽다. 다른 가능성은 전혀 고려하지 않는다. 반면 질문형 토론을 지속한 아이들은 각자 다양한 생각을 거리낌 없이 표현한다. 자신의 대답이 틀릴까봐 걱정하지 않는다. 대답하기 위해 생각을 열어둘 뿐이다. 소크라테스가 주장한 사고가 열려있는 상태다.

플라톤이 쓴 「메논」을 보면 소크라테스와 노예 청년 메논의 대화가 나온다. 탁월함을 획득하는 방식에 대해 문답하는 내용이다. 둘은 탁월함이 가르침이나 배움을 통해서 얻을 수 있는지, 탁월함을 가르칠 수 있는 교사가 있는지를 논한다. 이 대화에서 교육을 전혀 받지 못한 노예 소년이 질문만으로 어려운 기하학의 논리를 스스로 터득해가는 과정을 볼 수 있다. 소크라테스가 특별히 똑똑해서, 아니면 질문의 기술이 뛰어나서 이 소년을 스스로 깨달음의 경지에 이르게 한 것일까? 그럴 수도 있겠지만 질문이 인간이 가지고 있는 잠재적인 능력을 최대치로 끌어낼 수 있는 고도의 기술이기 때문은 아닐까.

· · · ·

소크라테스는 제자들을 향해 끊임없이 질문을 던진다.
질문이 곧 진리를 찾아가는 유일한 방법이다.

질문형 교육이 좋은 이유

　　　　　　　　우리나라 아이들은 성장할수록 점점 질문이 줄어든다. 획일적인 입시, 암기식 교육 방법 등은 토론문화를 만들지 못하고, 토론을 해도 시험용 아니면 학교에서 좋은 평가를 받기 위해 보여주기식으로 진행되는 경우가 많다. 다행스러운 건 현재 일부 초등학교에서 토론 위주의 수업 방식을 선택해 진행하고 있고, 이런 곳이 점차 늘고 있다는 점이다.

　인문학 전문 도서관인 대치도서관은 철학과 관련된 강의를 많이 진행한다. 강의를 하는 교수들 중에는 유럽, 특히 독일에서 공부하고 온 사람이 많다. 그들이 가장 많이 하는 말은 모든 참석자가 앞을 보고 앉아서 강사가 하는 말을 그냥 듣고 있는 방식이 매우 안타깝다는 것이다. '독일에는 다 같이 둘러앉아서 토론하면서 공부할 수 있도록 강의실 책상이 배치되어있다. 우리가 하는 일방적인 강의 방법은 학생이 공부하는 것이 아니라 가르치는 강사만 점점 똑똑해지는 이상한 결과를 가져온다'라고 말이다.

질문은 지혜를 얻는 수단이다

오늘날 세계에서 가장 두각을 나타내는 민족은 유대인이다. 세계 인구 비율로 보면 유대인은 고작 0.2%(약 1,700만 명)에 불과한데, 전 세계 노벨상 수상자의 30%, 아이비리그 학생의 30%를 차지한다. 또한 지금 미국이 세계 경찰, 즉 세계 국가로서의 힘을 발휘하는 저변에는 유대인들의 막강한 힘이 곳곳에서 작용하고 있다고 볼 수 있다.

유대인들은 아브라함의 유일신을 믿는 민족으로 기원전 2000년 팔레스타인 땅에 정착했다. 고대 이스라엘 왕국이 멸망한 후 나라 없이 떠돌이 생활을 하며 수많은 박해와 핍박 속에서 살아가다가, 1948년 5월 14일 영국의 위임통치가 끝나면서 팔레스타인 지역에서 건국 선언을 했다. 이스라엘이라는 나라를 세운 지 아직 100년도 되지 않은 민족이다. 그런 그들이 그 짧은 시간에 어떻게 이처럼 성장할 수 있었을까?

미국 뉴욕의 작은 섬 맨해튼에는 엄청나게 많은 빌딩들이 모여 있다. 맨해튼은 전 세계의 상업·금융·문화 중심지이자 그야말로 현대의 부와 명성을 대변하는 곳이다. 이 세계적인 중심지를 실질적으로 움직이는 사람들은 월가의 금융권을 쥐고 있는 유대인들이다.

미국에 지금처럼 유대인들이 많은 이유는 2차 세계대전(1939~1945년) 당시 전 유럽의 유대인 대학살을 피해서 새로운 나라를 찾아 이주한 곳이 바로 미국이었기 때문이다. 유대인들이 처음 미국에서 한 일은 공장 노동 또는 미국인이 하기 싫어하는 온갖 허드렛일이었다. 이방인으로 시작하여 실질적인 주인이 되기까지 여러 가지 노력이 있었겠지만, 그들의 오늘을 만든 주요 요인은 유대인의 독특한 자녀교육 방법이었다. 유대인들은 고기를 잡아주지 않고 스스로 고기 잡는 법을 가르친다. 자기 인생에 대한 질문을 가지고 끊임없이 생각하고 그 생각을 실천하는 방법을 가르친다. 가장 먼저 자기주도 학습을 시킨 민족이 아닌가 싶다.

유대인이 가장 많이 하는 교육은 가정에서나 학교에서나 질문을 통해 삶의 지혜를 스스로 깨달을 수 있도록 도와주는 것이다. 질문하는 능력을 성장시키기 위해서는 가정이나 사회의 역할이 크다. 일방적인 주입식이 아닌, 함께 생각하고 토론하고 연구하는 유대인의 교육 방법은 그들이 질문형 인간으로 성장하는 데 가장 큰 힘으로 작용한다. 그 힘이 세계적인 석학, 과학자, 경제인을 키워낸 원동력이다.

유대인의 교육은 철저하게 질문형 자기주도 학습으로 이루어진다. 유대인의 전통학교에서는 수업시간에 짝을 지어주고 파트너와 질문하고 토론하며 논쟁하는 방식으로 수업을 진행한다. 유대인들은 질문하지 않으면 유대인이 아니라고 할 만큼 질문을 모든 지혜를 얻는 가장 중요한 수단으로 생각한다.

· · · ·

함께 생각하고 토론하고 연구하는 유대인의 교육 방법은
그들이 질문형 인간으로 성장하는 데
가장 큰 힘으로 작용한다.

질문이 있어야 답도 있다

많은 사람은 인생의 답을 찾고자 한다. 학교에서 하는 모든 공부도 결국은 답을 찾기 위한 노력이다. 그러나 질문이 없는 답이 어디 있겠는가? 질문은 우리 인생 전체를 통틀어 문제를 해결할 수 있는 가장 현명한 열쇠다.

하버드대학교 교육대학원 제임스 라이언 교수가 졸업생들에게 연설한 내용을 담은 책 「인생을 변화시키는 중요한 다섯 가지 질문」을 냈다. 라이언 교수가 사회 초년생 후배들에게 남긴 조언의 핵심은 '질문'이다. 그는 좋은 질문은 남녀노소, 직업에 상관없이 성공을 이끄는 견인차 역할을 하고, 수준 높은 질문은 수준 높은 삶을 만들며, 성공하는 사람들은 더 좋은 질문을 하기 때문에 더 좋은 삶을 얻는다고 이야기한다. 우리가 진정한 자신과 만날 수 있고, 세상을 바라보는 시야가 넓어지고, 사고의 깊이를 더할 수 있으며, 더 나아가 삶의 진정한 가치를 찾을 수 있게 하는 5가지 질문을 소개한다.

첫째, '잠깐만요, 뭐라고요?(Wait, What?)'

둘째, '나는 궁금한데요?(I wonder……?)'

셋째, '우리가 적어도 ……할 수 있지 않을까요?(Couldn't we…… at least?)'

넷째, '내가 어떻게 도울까요?(How can I help?)'

다섯째, '무엇이 가장 중요한가요?(What truly matter?)'

라이언 교수는 설혹 질문하기가 때로는 어설프고 어색하더라도 우리가 일생 동안 항상 물어야 하고 또 항상 들어야 하는 질문들, 일상적인 대화에서든 심오한 대화에서든 언제 어디서나 똑같이 유용한 질문들이 자신의 인생을 바꿔놓았다고 이야기하면서 질문의 중요성을 강조했다.

질문하는 유대인의 대화법, 하브루타

평소 책 읽는 습관이 배어있지 않은 아이에게 책을 읽으라고 한들 읽어내기가 힘들다. 일정 기간 부모도 함께 책을 읽고 질문을 던지며 이야기를 나누면 효과적이다. 유대인들은 아주 어릴 때부터 질문하는 데 익숙하다. 어린 시절부터 궁금한 것을 언제, 어디서나, 누구를 만나더라도 자연스럽게 질문하는 것이 습관화되어있고, 그것이 사회적으로 좋은 문화로 인정되기 때문에 질문에 대한 두려움이 없다. 스스로 지식을 알아가고 발전시키는 능력을 키우면서 자존감이 높은 어른으로 성장한다. 이것이 유대인들의 자연스러운 대화법이자 토론법인 '하브루타(Havruta)'이다.

하브루타는 '하베르(친구)'라는 유대어에서 유래된 것으로, 일상생활에서부터 전문지식을 얻기 위한 방법에 이르기까지 다양하고 넓게 퍼져있는 유대인들의 대화법이다. 하브루타에 특별히 체계적인 이론이 존재하는 것은 아니다. 유대인들이 지금까지 살아온 삶이자 문화이기 때문이다.

좋은 질문은 좋은 인생을 살아가는 데 반드시 필요한 요소지만, 상황에 맞지 않는 질문으로 질문에 대한 흥미를 잃게 할 수도 있다. 사람은 태어나 말을 하면서부터 질문하기 시작한다. 아기들이 가장 많이 하는 말이 아마도 "이게 뭐야?"일 것이다. 질문은 시작하는 시기가 따로 있을 수 없다. 단지 처음 시작한 질문이 지속될 수 있도록 도와주는 역할이 필요하다. 즉 질문에도 연속성이 필요하다.

좋은 인생을 한자로는 '낙천(樂天)'이라고 한다. 이는 '세상과 인생을 좋은 것으로 여긴다'는 의미다. 세상과 인생을 좋은 것으로 여긴다는 것은 곧 세상과 소통하고 공감하며 자신이 원하는 방향으로 삶이 진행되어 만족감을 얻는다는 것이 아닐까. 그러기 위해서는 무엇보다 항상 각자 자신의 인생에 대한 질문이 있어야 하고 그 질문에 대답해줄 수 있는 파트너, 즉 상대자가 있어야 한다. 모기 겐이치로는 자신의 저서 「좋은 질문이 좋은 인생을 만든다」에서 이렇게 말한다.

구글을 비롯한 혁신적인 기업들은 스스로 질문을 만들어 묻고 문제를 해결해낸다. 이를 보면 앞으로는 주어진 질문에 답하기 위해 노력하는 것이 아니라 애당초 질문하지 않는 태도에서 벗어나려는 노력이 필요한 시대가 될지도 모른다. 자기 자신과 세상에 대하여 좋은 질문을 한다는 것은 장차 스스로 살아갈 길을 개척하고 긍정적인 자세를 가진다는 증거다. 즉, 질문력이 있는 사람은 '나답게 살아갈 자세를 갖춘 사람'이다.

좋은 질문이란 무엇일까? '좋은'이라는 말은 형용사 '좋다'에서 파생된 언어로 '어떤 대상의 성질이나 내용 따위가 보통 이상의 수준이어서 만족할 만하다'는 뜻이 있다. '질문'은 알고자 하는 바를 얻기 위하여 물어보는 것이다. 그렇다면 '좋은 질문'이란 어떤 대상에 대하여 알고자 하는 내용을 만족할 만한 표현으로 물어보는 것이다.

좋은 질문이 곧 어려운 질문이라는 생각은 버려야 한다. 우리는 보통 어려운 것이 좋은 것이라는 잘못된 관념을 은연중에 갖고 있다. 그러나 질문은 상대가 자신의 지적 능력 또는 인식의 범위 내에서 답변할 수 있는 내용일 때 서로에게 유익한 시너지를 만든다.

책 읽는 습관을 기르는 것은 인생에서 모든 불행으로
부터 스스로를 지킬 피난처를 만드는 것이다.

- 서머싯 몸

3장

창의력을 키우는 기적의 유대인 독서법

유대인의 금요일 가족학교

　　　　　　유대인의 하루는 우리처럼 밤 12시에 시작되는 것이 아니라, 저녁에 해가 떨어지면 새 날이 시작된다. 즉 금요일에 해가 지면 새 날인 토요일이 시작되고, 이날은 바로 유대인들이 지키는 안식일이다. 전통적인 유대 가정에서는 이날에 노동, 놀이, 여행이 금지되고 불도 켜서는 안 된다. 차에 타는 것도, 돈을 쓰는 것도 안 되고, 엘리베이터를 조작해서도 안 된다. 안식일이 시작되는 금요일 저녁만큼은 온 가족이 모여서 함께 식사하면서 일주일 동안 있었던 일들을 가지고 대화를 나눈다.

　유대인들의 이런 가족문화에는 이유가 있다. 유대인의 고난의 역사는 기원전 734~721년 팔레스타인 지역 북부를 차지하고 있던 이스라엘 왕국이 아시리아의 침입으로 멸망한 후 아시리아 영토에 편입되면서 시작되었다. 이를 계기로 많은 유대인이 고향을 떠나 팔레스타인 바깥쪽으로 퍼져 나갔다. 이것이 '디아스포라(Diaspora)'이다. 팔레스타인을 떠나 세계 각지에 흩어져

살면서 유대교의 규범과 생활관습을 유지하는 유대인을 지칭하기도 한다. 그들은 2차 세계대전이 끝나고 다시 이스라엘이라는 나라를 세우기까지 수많은 고난과 핍박을 받으면서도 그들만의 고유한 문화를 지키며 살았다. 그 원동력으로 금요일 가족모임을 빼놓을 수 없다. 유대인은 이러한 과정을 거치면서 가장 소중한 가치로 여기는 가족애와 민족성을 잃지 않으려고 노력하였다.

중요한 가치가 무엇인지 배우는 작은 학교

현대의 유대인들도 온 가족이 모여 함께 식사하는 것을 중요하게 여긴다. 유대인들의 가정은 아직도 대부분 대가족으로 이루어져있다. 우리나라는 요즈음 2대가 함께 사는 것도 보기 힘든데, 이스라엘은 조부모, 부모, 본인, 자녀들까지 합쳐 4대가 함께 사는 가정이 많다. 특히 여성의 90%가 일을 하고 군대도 가기 때문에 집안일을 남성이 함께하는 것을 당연하게 생각한다. 그렇지만 아버지는 아버지의 자리를 따로 만들어줌으로써 존중받을 수 있도록 배려한다.

그들은 금요일 저녁이 되면 모두가 한 식탁에 둘러앉아서 식사하는 것을 가장 소중하게 여긴다. 참석자들은 같이 음식을 먹으며 웃고 떠들고 대화를 나눈다. 주제는 지난 일주일 동안의 가족 근황과 자신에게 있었던 일들로, 일상을 공유하며 서로 소통한다. 식사가 끝나면 아버지와 자녀를 비롯한 아이들이 접시를 나르고 설거지를 하는 등 다 함께 분주하게 움직인다. 아직 어리니까 또는 다칠까봐, 귀여워서라는 이유로 아예 집안일을 시키지 않는 우리 가정과는 다른 풍경이다. 그들은 일주일에 한 번, 금요일 저녁에 가족들이 모두 모여 식사를 하는 것으로 아이들이 가족 구성원으로서의 역할을 스스로 깨달을 수 있도록 가르친다.

유대인들은 온 가족이 함께 자녀교육을 한다. 우리나라도 바뀌고 있긴 하지만 아직은 엄마가 자녀교육에 더 많이 신경 쓰는 것을 당연시한다. 유대인들은 대가족이 각자의 역할을 분담하여 교육한다. 이것이 유대인들의 금요일 가족학교로, 최소한 일주일에 하루만이라도 온전히 가족의 일원으로서 충실해야 한다는 그들만의 문화이다. 아이들이 세상에서 가장 먼저 배우는 사랑이고, 무엇이 중요한 가치인지를 배우는 또 하나의 작은 학교다.

가족이 함께 대화하는 문화가 성공의 열쇠다

유대인들의 밥상머리 교육은 이미 많이 알려져 있고, 그 유용성도 검증되었다. 유대인만큼 밥상머리에서의 자녀교육에 심혈을 기울이는 민족도 드물다. 이스라엘은 정부가 나서서 밥상머리 대화와 교육에 국가적 관심을 두고 실천을 독려한다. 일주일 중 하루 한 끼라도 온 가족을 밥상에 앉히기 위해 애쓴다. 이스라엘 사람들은 가족들이 함께 식사하면서 부모와 자녀, 부부 사이에 많은 대화를 나눈다. 이러한 문화는 유대인만이 가능한 것일까? 그렇지만은 않을 것이다.

　이 세상 모든 부모들의 한결같은 고민은 '내 아이를 어떻게 잘 키울 것인가?'이다. 그 문제의 실마리를 찾기 위해 우리는 유대인의 자녀교육을 들여다보고 있다. 그들의 성공에는 각자의 교육문화가 따로 있다.

　우리가 잘 아는 성공한 유대인으로 마크 주커버그, 스티브 잡스, 빌 게이츠, 스티븐 스필버그 등이 있다. 이들 모두가 유대인으로 태어났지만 그들의 성장 과정과 교육 내용은 각기 다르다. 마크 주커버그는 유대인들의 전통 교육을, 스티브 잡스와 빌 게이츠는 미국식 교육을 받으며 자랐다. 특히 스티브 잡스는 자신이 입양아라는 사실로 인한 정신적 혼란을 극복하기 위해 동양의 명상과 고대 그리스 고전, 특히 철학에 매우 심취했던 것으로 유명하다. 그러나 그들의 공통점은 분명히 있다. 대화와 토론, 질문하기와 존중하기다. 그들은 이것을 지속적으로 삶의 가장 중요한 행동양식으로 삼고 생활 속에서 소중히 지켰다. 그것이 그들의 성공 열쇠다(「저커버그·잡스·게이츠를 키운 부모의 특별한 교육법」참조).

노벨상 받는 유대인의 토론법, 하브루타

몇 해 전, KBS에서 수천 년간 인류 발전의 원동력이 되어온 '공부'를 집중 조명한 4부작 다큐멘터리 「공부하는 인간 – 호모 아카데미쿠스」를 방영하였다. 인간은 왜 공부하는지, 그리고 문화권에 따라 어떻게 나타나는지를 탐구한 프로그램이었다.

왜 사람들은 공부를 할까? 인간은 기본적으로 의식주를 해결하며 살아간다는 공통점이 있듯이, 세계 어디서나 공부의 열정을 찾아볼 수 있다는 것 또한 공통점이라고 할 수 있다. 「공부하는 인간 – 호모 아카데미쿠스」에서는 공부의 역사가 수천 년간 맥을 유지해온 이유와 특정한 학습 방식을 고수해온 사회의 철학과 문화를 파헤쳤다.

각 나라, 문화권마다 공부하는 방법에 차이가 있었다. 대표적으로 카스트 제도가 있는 인도에서 공부는 '불가촉천민'의 자녀도 떳떳한 사회의 구성원으로 자라날 수 있는 유일한 통로였다. 현실적인 상황을 극복하려는 목적은 눈높이의 차이가 있을 뿐 한국, 중국, 일본도 크게 다르지 않았다. 동양에서는 대부분 텍스트를 읽고, 문제 푸는 능력을 익히고, 암기하여 시험성적을 높게 받는 것이 공부라고 생각한다. 동양문화권에서 공부하는 목적은 남보다 뒤처지지 않으려는 욕망의 발현이었다.

"얘야, 인생을 어떻게 살고 싶니?"

이스라엘의 공부법은 차이가 있었다. 이스라엘에서 공부란 정숙한 도서관이 아닌 시끌벅적한 예시바(유대인 도서관)에서 토론으로 빚어내는 소통이었다. 유대인의 공부 모습을 취재하려고 찾아간 도서관 예시바는 입구부터 시끌벅적거렸다.

유대인들은 도서관에서 짝을 지어 마주 보고 앉아있었다. 공부를 하거나 책을 읽다가 모르는 것, 궁금한 것이 있으면 서로 질문하면서 토론하는 문화가 익숙해 보였다. 옆에서 다른 사람이 말을 해도 아무도 신경 쓰지 않고 자신의 공부에 집중했다. 우리처럼 암기 위주의 공부를 하는 나라에서는 상상도 할 수 없는 풍경이었다.

유대인들이 이렇듯 자유롭고 깊이 있는 생각을 끌어내는 공부를 할 수 있는 데는 다 이유가 있었다. 학교나 사회에서의 평가 방식이 우리와는 많이 달랐다. 우리는 대부분 정량 평가를 한다. 자신의 생각이나 의견을 제시하거나 설명하는 과정이 아니라 결과를 중시하기 때문이다. 유대인들이 살아가면서 가장 중요하게 생각하는 것은 자녀들이 인생을 어떻게 살고 싶은지 묻는 것이다. 다른 사람과 똑같은 풀이와 정답을 요구하지 않는 그들의 교육평가 방법이 새로움을 만들어내는 원동력이 되는 것이다. 다름을 존중하고 새로운 생각을 칭찬하는 문화가 노벨상을 받게 하고 아이슈타인처럼 세상을 바꾸는 과학자를 만들어내는 것이다.

부모로서 아이들이 스스로 생각하고 판단하게 하고 있는지 한번 되돌아볼 필요가 있다. 우리도 아이들에게 스스로 인생의 질문을 가지고 좋은 인생을 만들어가는 방법을 가르쳐야 한다. 유대인들의 교육에서 그 힌트를 얻을 수 있을 것이다. 유대인들이 오늘날 그렇게 큰 힘을 가지게 된 배경에는 그들의 독특한 교육 방법이 자리 잡고 있다. 그 교육의 핵심에 '하브루타'가 있다.

유대인 교육법의 3가지 특징

우리나라에도 이미 유대인의 교육법이 많이 소개되었지만 대개 똑똑하게 키우기 위한 목적에 초점이 맞춰져있다. 어떻게 바라보느냐에 따라 결과가 달라질 텐데 다들 내 아이를 다른 아이보다 똑똑하게 키우려는 목적으로 유대인의 교육법을 따라 한다. 그러나 유대인의 교육법이 진정으로 지향하는 바는 자기주도 학습이다. 스스로 생각하고 판단하는 능력을 키워 자신의 인생을 주체적으로 살아갈 수 있도록 하는 데 있다.

유대인의 교육법을 '탈무드 교육법'이라고도 한다. 그들에게 「탈무드」란 세상의 지혜가 담긴, 바른 삶을 인도하는 지침서로 통한다. 문장 문장마다 심오한 내용이 담겨있어 「탈무드」를 읽을 때는 그 숨겨진 의미를 찾아내는 것이 중요하다. 이러한 탈무드 공부 방법 중 하나가 하브루타다. 유대인 교육법의 특징을 크게 3가지로 정리하면 다음과 같다.

첫째, 가족을 중시한다. 유대인들은 오랜 세월 나라 없이 많은 핍박을 받으며 살았으면서도 선택된 국민이라는 선민의식이 있었다. 힘들수록 단단한 가족애로 자신들의 정체성을 지키고자 노력했다. 그들은 지금도 금요일 저녁에는 되도록 온 가족이 함께 모여 식사를 하고 서로의 이야기를 나누며 보낸다. 부모는 이야기 중에 "이해했니?"라는 말보다 "네 생각은 어떠니?"라는 질문을 많이 한다. 어린 시절부터 이런 습관을 들이는데 이것이 바로 밥상머리 교육의 시작이다.

둘째, 인성과 창의력을 중시한다. 자녀들에게 '평생의 질문' 하나씩은 꼭 가지고 생각하게 한다. 이렇게 길러진 생각하는 힘은 수없이 많은 인재를 만들어내는 원동력이 되었다. 세계적 과학자 아인슈타인, 연방준비제도이사회 전 의장 앨런 그린스펀, 영화감독 스티븐 스필버그와 우디 앨런 외에도 수없이 많은 유대인들이 시대를 선도하는 인물들로 성장하였다.

셋째, '무엇이 될 것인가'가 아닌 '어떻게 살고 싶은가'에 중점을 둔다. 우리나라는 유명 대학을 가고 좋은 직장을 갖는 게 꿈이자 목표이다. 그것이 반드시 나쁘다고 할 수는 없다. 그러나 먼저 자신의 인생을 어떻게 살 것인가를 생각해야 한다. 그래야 자신의 삶을 잘살기 위한 도구와 삶의 본질을 구분할 수 있기 때문이다. 유대인들은 어떻게 살 것인가에 대한 방향성을 먼저 생각하고, 그다음 무엇을 할 것인가를 결정한다. 즉, 어떻게 살고 싶은지 목적이 확실하기 때문에 무엇을 하든지 본질이 흔들리지 않는 것이다. 유대인들의 이런 목적 지향적인 삶의 힘은 어릴 때부터 항상 질문하고 토론하는 그들만의 독특한 삶의 방식이 가져다준 효과이다.

유대인 교육의 핵심 3가지

유대인들은 돈과 권력을 가진 자보다 학자를 존경한다. '학자가 초대되지 않은 식탁은 하느님의 축복을 받을 수 없다'라는 유대인 격언은 그들이 학자를 얼마나 존경하는지를 잘 보여준다. '탈무드'는 히브리어로 '학습'을 의미한다. 유대인들이 이렇게 학자를 중요시하는 데는 그들의 교육 방법과 밀접한 관련이 있다. 유대인에게 있어 교육의 핵심은 다음 3가지다.

첫째, 질문형 교육 시스템이다. 유대인이 말하는 교육은 앵무새처럼 외워서 1등 하는 교육이 아니라 공부를 통해 지혜를 깨닫는 과정 중심의 교육이다. 궁금한 부분이 생기면 질문을 계속한다. 그럼으로써 문제의 본질에 가까이 다가갈 수 있다. 창의력은 새로운 질문을 찾아내는 데서 생겨난다.

둘째, 지식보다 지혜를 더 중요시한다. 유대인 남자는 13세가 되면 '바르 미츠바(Bar Mitzvah)'라는 성인 의식을 갖는다. 이때 「탈무드」에 나오는 가르침을 자기 나름대로 해석하는 의견을 내놓아야 통과된다. 그렇게 되려면 탈무드를 공부하며 쉴 새 없이 선생인 랍비에게 질문을 해야 한다. 랍비와 반대되는 의견도 서슴지 않고 내놓는다. 유대인들의 교육 원칙은 질문이다. 아인슈타인은 바르 미츠바 의식에서 이런 질문을 받았다고 한다. "아무도 없는 숲 속에서 큰 나무가 쓰러졌다. 소리가 나겠는가, 안 나겠는가?" 이 질문은 '아무도 듣지 않은 소리도 과연 소리인가?'라는 철학적 의미가 담겨있는 질문이다. 단순히 암기형 교육으로는 대답하기 어려운 문제이다.

셋째, 더불어 공부한다. 유대인들은 모여서 공부하기를 좋아한다. 어릴 때부터 교육을 통해 창조적인 인간을 만드는 데 목표를 둔다. 전 세계 학자들이 모여 '유대인들이 왜 노벨상을 휩쓰는가?'에 대한 논의를 한 적이 있었다. 그때 노르웨이 출신의 노벨물리학자 게이바 교수가 '유대인은 항상 궁금증을 가지고 질문하기 때문'이라고 말했다. 유대인의 본질을 꿰뚫은 답이다.

교육은 머리만 큰 기계형 인간이 아닌 창조적인 인간으로 성장할 수 있도록 도움을 주어야 한다. 한국인도 교육을 중시하지만 이 점에서 유대인 교육과 차이가 난다. 지식을 통해 지혜를 얻도록 하는 것, 이것이 유대인 교육의 특징이다. 이러한 교육은 훌륭하고 뛰어난 많은 학자들을 배출하고, 그것은 다시 유대인들의 교육의 힘으로 작용하는 선순환의 고리가 되었다.

다름을 존중하고 새로운 생각을 칭찬하는 문화가
노벨상을 받게 하고
아이슈타인처럼 세상을 바꾸는 과학자를 만들어낸다.

하브루타는
해답을 찾아가는 과정이다

하브루타는 정답을 맞추기보다 자신이 궁금한 부분에 대한 해답을 질문을 통해 찾아가는 과정이다. 흔히 우리는 토론이라고 하면 자신의 주장을 상대에게 논리적으로 설득하여 관철시키는 것으로 알고 있고, 이는 현재 가장 많이 이루어지고 있는 토론법이기도 하다. 그러나 하브루타는 자신의 의견을 주장하는 것이 아니라 자신의 궁금증을 해결하려는 것으로 우리가 말하는 일반적인 토론과는 근본적인 차이가 있다.

하브루타는 처음에 유대인들이 유대교의 경전인 「토라」를 좀 더 이해하려는 목적으로 진행한 일종의 종교의식 같은 것이었다. 그 후 유대인들이 삶의 지침서로 생각하는 「탈무드」를 가지고 지혜를 얻고자 진행되었고, 이제는 모든 분야에 적용할 수 있는 토론법의 하나로 자리 잡았다.

우리는 객관식 문제풀이에 익숙하다. 객관식은 시험을 치를 때 공정한 평가를 위해 또는 편리한 평가 방법으로 선택되었다. 하지만 지나치게 정답만

요구하는 교육문화 때문에 사고력의 확장이 이루어지지 않는 단점이 대두되었다. 완벽한 정답이란 게 과연 존재하는 것인지 다시 한 번 생각해볼 일이다. 모든 사물이나 지식은 인식의 변화에 따라 우리가 믿고 있던 정답이 바뀔 수도 있는 개연성을 늘 품고 있다.

예를 들어 뉴턴의 절대물리학은 18세기에는 완벽한 정답이라고 믿었다. 그러나 아인슈타인의 상대성 이론이 등장하면서 그 정답은 다른 이론으로 대체되었다. 이 이론 또한 언젠가는 하부 패러다임으로 바뀔 수 있다. 모든 질문에 정답을 고집한다면 사고가 경직되기 마련이다. 우리가 사고력을 확장하고 생각의 힘을 키워야 좀 더 넓은 시각으로 세상을 바라볼 수 있고 폭넓은 삶을 살 수 있음은 자명한 사실이다. 무엇보다 21세기는 열린 사고를 필요로 하며, 그런 사고를 가진 인물들이 중심이 되어 세상을 이끌어가고 있음을 우리는 잘 알고 있다.

도서관에서 청소년들과 여러 해 동안 다양한 방법으로 하브루타를 진행하면서 확실하게 느낀 것이 있다. 하브루타를 처음 진행할 때는 학생들이 거의 대답을 하지 않거나 단답형으로 대답한다. '왜 그럴까' 하고 유심히 살펴보면 그들은 '혹시 내가 틀리면 어떡하지?'라는 불안감 때문에 대답하기를 두려워한다. 엉뚱한 소리로 망신당하면 어쩌나, 잘 모른다고 핀잔을 들으면 어쩌나 하는 불안 때문에 자신의 생각을 쉽게 밖으로 꺼내지 못한다. 이는 지나치게 정답만을 요구하는 교육의 부작용이다. 유연한 사고를 가로막고 있는 것이다.

세상에서 가장 시끄러운 도서관, 예시바

우리나라를 비롯해 세계의 많은 도서관들은 실내에서 정숙을 요구한다. 조용한 가운데 책장 넘어가는 소리만 들린다. 현실적으로 대부분의 도서관들은 이 체계를 벗어날 수 없다. 지금까지 조용히 혼자서 공부하거나 암기 위주의 학습법이 주를 이뤘기 때문이다.

이와 달리 유대인의 공부는 끊임없는 질문과 토론으로 이뤄져 도서관 분위기도 사뭇 다르다. 이스라엘의 도서관인 예시바는 도서관이라는 이름이 무색할 정도로 시끄럽다. '마타호 셰프(네 생각은 뭐니?)'가 공부의 핵심인 유대인답게 둘씩 짝을 지어 토론하는 게 이들의 일상적인 공부이기 때문이다.

예시바에 들어가면 여러 소리가 도서관 안에 가득하다. 우리나라 사람은 시끄러워서 책을 읽거나 공부하기 힘들지도 모르겠다. 그러나 그들을 가만히 보면 잡담이나 놀이를 하는 것이 아니라 질문과 대답을 주고받으며 본래의 목적에 맞는 대화에 열중하고 있다. 어디를 보나 두 명씩 짝을 지어 한 주제를 놓고 토론하는 모습을 쉽게 찾을 수 있다. 학생들은 각자 책을 산더미처럼 쌓아두고 상대방과 이야기를 나눈다. 책상과 의자의 구조도 특이하다. 둘 이상이 마주 보고 앉도록 놓여있어 누구도 혼자 공부할 수 없다.

예시바는 혼자 하는 공부보다 토론과 논쟁을 중시하는 유대인의 공부 스타일이 그대로 반영된 도서관이다. 이곳에서 유대인들은 책을 읽고, 그 책에 대해 서로에게 질문하고 대답한다. 사소한 주제에서부터 심도 있는 쟁점에 이르기까지 그들의 대화와 토론은 계속된다.

하브루타는 정답을 맞추기보다
자신이 궁금한 부분에 대한 해답을
질문을 통해 찾아가는 과정이다.

하브루타 독서로
책 읽는 습관을 들인다

 독서습관을 자연스럽게 들이는 것은 결코 쉬운 일이 아니다. '세 살 버릇 여든까지 간다'는 속담처럼 독서 또한 어릴 때의 습관이 중요하다. 어릴 때는 고정관념이 없어서 독서하는 습관을 만들기 좋기 때문이다. 특히 청소년기가 되면 스스로 읽고 싶은 책을 선택하고 독해할 수 있는 능력이 생긴다. 이때 부모의 역할이 매우 중요하다. 아이에게 책을 고르고 재미있게 읽을 수 있는 다양한 방법을 코칭하거나 함께 독서함으로써 정서적인 공감대를 형성할 수 있다.

 스스로 독서하는 습관을 갖게 하려면 가정과 사회의 역할이 중요하다. 가장 우선하는 것은 부모이다. 부모는 아이의 가장 좋은 스승이 될 수 있다. 아이의 특성을 누구보다 잘 알고 있기 때문이다. 그러나 부모도 독서하는 습관과 독서의 방향성을 어디서부터 어떻게 가르쳐야 할지 고민스럽다. 한 방법으로 하브루타와 책 읽기를 접목한 하브루타 독서법을 소개한다.

책 읽기와 질문이 만나다

하브루타는 우리가 부러워할 만한 유대인의 문화 중 하나이다. 그들은 아주 어릴 때부터 모든 궁금한 것을 질문을 통해 해결하는데, 그것을 사회의 가장 최소단위인 가정에서부터 시작한다. 하브루타는 처음에 유대인의 성경인 「토라」를 공부하기 위해 랍비에게 질문하고 토론하는 공부법이었으나, 이후 유대인들의 지혜서인 「탈무드」를 통한 질문과 대답으로 발전해, 현재는 아이들이 성장하는 데 지침 역할을 한다.

도서관에서는 책을 가지고, 학교에서는 수업을 통해, 사회에서는 친구들과 질문하고 토론한다. 오랜 세월 유대인들의 상징적인 교육문화로 자리매김한 하브루타의 중심에는 언제나 상황에 맞는 책이 있고, 질문에 대한 해답을 찾아가는 가장 중요한 매개체로서 독서가 있다. 유대인들에게 독서는 선택이 아닌 필수다. 어린 시절 가정에서부터 자연스럽게 독서하는 문화가 몸에 배어 평생 동안 곳곳에서 큰 힘을 발휘한다.

유대인들은 서로 짝을 지어 대화하고 토론하는 것을 좋아한다. 아주 사소한 궁금증도 그냥 지나치지 않는다. 누구에게나 질문하는 것이 습관화되어 있다. 그들은 이렇게 질문과 대답을 이어가며 문제에 대한 해답을 찾아가는 과정을 매우 중요하게 생각한다. 예를 들어 유대인들은 하나의 문제를 10명에게 주고 풀게 한 후, 풀이 과정이 다 다르지 않으면 정답이 맞더라도 다시 생각하라고 한다. 그들은 정답보다 풀이의 다양성을 중시하여 똑같은 문제라도 각기 다른 방법으로 해결하는 것을 가장 바람직하게 생각한다.

과정을 중시하는 유대인의 문화는 다양한 독서를 통한 경험과 새로운 세상에 대한 호기심이 만들어낸 결과이다. 유대인들이 창의력, 논리력, 유연성이 매우 뛰어난 민족이 된 바탕에는 혼자서 독서하는 우리와 다르게 함께 책을 읽고 주제를 가지고 토론하는 하브루타 독서법이 있었다. 유대인들의 유연한 사고방식을 벤치마킹하여 우리 아이들의 새로운 문화로 정착시킬 수 있다면 그보다 좋은 선택은 없을 것이다.

....
유대인들에게 독서는 선택이 아닌 필수다.
어린 시절 가정에서부터 자연스럽게 독서하는 문화가 몸에 배어
평생 동안 곳곳에서 큰 힘을 발휘한다.

하브루타 독서, 왜 좋을까?

　　　　　　　　책을 읽긴 했는데 잘 기억나지 않을 때가 많다. 줄거리조차 가물가물할 때도 있다. 책을 읽고 그냥 덮어버리면 그 책에 대한 기억이 오래가지 못한다. 그럴 땐 왠지 시간 낭비한 듯한 느낌이다. 우리가 책을 읽는 목적은 생각의 근육을 키우는 데 있다고 했다. 그 방법으로 질문하고 토론하는 하브루타를 접목하는 것이다. 한 권의 책을 두고 누군가와 질문하고 토론하다 보면 자연히 생각의 근육이 길러지는 것은 물론 그 책에 대한 기억도 오래간다.

　이 책은 가정에서 아이들과 하브루타 독서를 실천할 수 있도록 구체적인 과정을 알려준다. 이를 통해 책 읽기가 습관화된다면 아이들은 좀 더 깊이 있는 독서를 할 수 있다. 또한 자연스럽게 아이들과 대화할 수도 있다. 가족이 함께 둘러앉아 식사하기도 힘든 요즘 자녀와 소통이 단절돼 힘들어하는 가정이 많다. 하브루타 독서법으로 서로를 이해하고 소통한다면 자녀의 지적 성장까지 이끌어낼 수 있다.

　아이들을 키우면서 좋은 독서습관을 길러주는 것만큼 중요하게 여기는 것이 또 있다. 자신만의 독창적인 방법으로 사고하고, 그것을 논리적으로 표출할 수 있는 표현력을 키워주는 것이다. 이것이 논술이다. 아무리 책을 많이 읽고 글쓰기 학원을 평생 다녀도 자신의 생각을 논리적으로 표현할 능력이 부족하면 상대를 설득하거나 감동을 줄 수 있는 글을 쓰기 힘들다. 하브루타 독서법은 그것을 가능하게 도와준다.

　강남구에서는 지난 3년간 '강남구 인문 독서논술 대회'를 진행했다. 강남구 학생들을 대상으로, 주제도서를 선정하되 논제는 따로 제시하지 않는 방식으로 진행했다. 이유는 간단하다. 청소년의 다양성, 창의성, 새로운 사고의 신선함을 기대해서다. 그러나 결과는 기대에 미치지 못했다. 독창적인 일부 원고를 제외하면 여전히 천편일률적인 글쓰기에서 벗어나지 못하는 경향이 있었다.

　독서논술과 독후감은 목적이 다르다. 독후감은 책 속 내용을 요약한 후 감상을 간단하게 표현하면 된다. 하지만 독서논술은 반드시 확고한 자기주장이 있어야 하고, 그 주장에 대한 논증을 책 내용과 자신의 경험, 생각을 결합하여 논리적으로 증명해야 한다. 독서논술 공모전에서 원고를 받아보면 독후감 형식에서 벗어나지 못하는 경우가 많다. 하브루타 독서법으로 논술의 어려움을 해결할 수 있다.

　논술에서 가장 중요한 포인트는 논리적인 자기표현력이다. 즉 생각하는 글쓰기가 필요하다. 생각의 힘을 무엇으로 키울 수 있을까? 아마도 많은 경험이 필요할 것이다. 모든 경험을 실제로 본인이 직접 할 수 있다면 좋겠지만 현실적으로 어려움이 있다. 그렇다면 대안으로 책을 통한 간접경험이 도움이 된다. 또한 자신이 가지고 있는 생각을 논리적으로 표현할 수 있는 능력은 질문으로 가능하다. 질문은 서로의 생각을 꺼내는 가장 좋은 도구이다.

책 읽기와 논술이 저절로 해결되는 하브루타

지난 몇 해 동안 도서관에서 청소년을 대상으로 책 읽기와 질문하고 토론하는 하브루타를 융합한 프로그램을 진행하였다. 그 결과 책 읽기와 논술이 저절로 해결되는 경우를 많이 목격했다. 하브루타 독서법으로 책을 읽는 것은 물론 자연스럽게 논제를 찾아내고 대화를 통해 논증하는 과정을 스스로 습득하여, 논술을 따로 배우지 않아도 사고력을 확장해 논리적인 글쓰기를 할 수 있었다. 4차 산업혁명 시대가 필요로 하는 창의적인 인재를 키울 수 있는 새로운 교육의 시작점이 될 수 있는 것이다. 하브루타 독서법의 효과는 다음과 같다.

1 함께 읽고 이야기를 나눔으로써 독서의 즐거움이 커진다.
2 질문과 대화를 통해 사고력, 통찰력이 확장되어 생각하는 힘이 크다.
3 질문을 통해 호기심을 유발하고, 호기심은 또 다른 독서로 이어진다.
4 '무엇을 사고할 것인가'가 아니라 '어떻게 사고할 것인가'를 가르친다.

5 자기표현력, 상대 공감 능력을 키워준다.
6 정답이 아닌 해답을 찾아가는 과정을 통해 서로 간의 다름을 인정하고 존중하는 가치관을 배운다.
7 상대의 말을 경청하는 습관을 길러준다. 상대의 말을 귀담아 듣지 않으면 질문에 대한 대답을 할 수 없기 때문이다.
8 독서를 토론으로 자연스럽게 연결할 수 있다.

자기주장이 확실하고 그 주장에 대한 논증 과정이 치밀하여 설득력이 있는 글이란 어떤 글인지 한번 살펴보자. 다음은 2017년 인문 독서논술 대회에서 심사위원으로부터 좋은 평가를 받은 개원중학교 1학년 5반 권유진 학생의 논설문이다. 주제도서는 「과학, 철학 기술에 다시 말을 걸다」였다(2017년 강남구 인문 독서논술 원고 모음집 「휴머니즘」 참조).

독서 논설문 사례

「철학, 과학 기술에 다시 말을 걸다」 - 로봇과 인간의 우정

개원중학교 1-5 권유진

사람을 대하기에 서투른 아이가 있다. 밖에서 하루 종일 놀다 오던 또래 아이들과 달리 그 아이는 친구들과 잘 어울리지도 못했고, 대화를 이끌어나가지도 못하였다. 초등학생이 된 아이는 무리에 끼지 못하였고, 친구들을 만들기 위해 노력했음에도 계속 실패하자 아이는 점점 우울해졌다. 부모님은 슬슬 걱정이 되기 시작했다. 초등학생이 되면 자신들의 아이도 다른 아이들과 자연스레 어울릴 것이라고 생각했기 때문이다. 부모님도 아이에게 위로의 말만 건네었을 뿐, 친구를 만들어줄 수는 없었다. 그렇게 아이가 소외되고 있을 무렵, 아이를 지켜보던 할아버지가 애완용 로봇을 만들어주었다. 강아지 모양의 그 로봇은 아이의 표정으로 감정을 읽었고, 다가가서 장난치거나 안겼다. 과연 아이는 강아지 로봇과 친해질 수 있을까?

전 세계가 인공지능 로봇에 집중하고 있다. 늘어나는 고령화 인구 추세와 소통 단절 때문이라고 짐작해본다. 일본은 이미 페퍼(Pepper), 로보혼(RoBoHoN)과 같은 가정용 로봇을 사용하고 있다고 한다. 이상헌 저자는 과연 인간과 로봇이 친구가 될 수 있느냐는 질문에 아니라고 답했다. 간단히 말해서 로봇은 마음이 없기 때문이라는 것이다. 친구는 서로 교제하면서 함께 발전하고 성장하는 존재인데, 설령 인간은 로봇과 함께 있으며 발전할지라도 로봇은 인간과 교류하며 발전하지 않으니까 말이다. 사람이 우울해보이면 가정용 로봇이 다가와 위로의 말을 건네는 세상이 오더라도, 그것은 프로그램에 의한 명령 이행일 뿐이라고. 그렇지만 나는 그의 주장에 동의하지 않는다.

이번 주제를 보면서 전에 보았던 텔레비전 단편이 문득 떠올랐다. KBS에서 방

영한 「로봇, 우리의 친구가 될 수 있을까?」라는 1부작 프로그램이었다. 로봇을 우리나라보다 더 많이 사용하는 일본에서 취재를 했는데, 여러 장면 중에서 로봇을 자기 자식처럼 아끼는 여자가 가장 인상 깊었다. 출시하기 전에 시험용으로 출시되었던 로봇과 몇 년을 같이 지내다가 이제는 항상 로봇을 데리고 다닌다고 한다. 그 로봇은 여러 군데 고장이 나고 결함이 있는 데다가 예전에 나온 것이라 최근 것보다 기능 면에서도 떨어진다. 게다가 이미 단종되어 수리를 받을 수도 없다. 그런데 회사에서 기종이 너무 오래되었으니 신상으로 바꾸라는 제의가 들어왔을 때, 그녀는 너무 슬펐다고 한다. 로봇이 더 이상 그녀에게 단순히 편의를 주는 존재가 아니라, 그녀 삶의 일부이고 가족이라는 것이다.

친구. 국어사전에는 '가깝게 오래 사귄 사람'이라고 풀이되어있다. 친구의 존재를 '서로 발전하고 성장하는 사이'라고 한정짓는 것이 옳을까? 대부분의 아이들이 학교에서 별로 친하지 않은 아이라도 어느 정도 안면이 쌓이고 나면 친구라고 일컫는다. 그것은 그 아이를 지칭할 다른 말이 없어서가 아니라 그 아이를 실제로 친구라고 인식했기 때문이라고 생각한다. 아이들은 서로 교류하면서 발전하지 않아도, 심지어 교류가 별로 이루어지지 않더라도 친해지고 싶다는 단순한 이유만으로 친구라고 부를 수 있다. 실제로 많은 동화책에 로봇과 아이의 우정이 다뤄지기도 하고, 그 제목에도 '로봇 친구'라는 수식어가 따라붙는다. 따라서 나는 로봇이 인간의 친구가 될 수 있다고 말하는 바다.

세계 3대 투자자 중 하나인 짐 로저스는 앞으로 많은 직업들이 사라질 것이고 그 부분을 기계가 대신할 것이라고 말했다. 점점 편리한 것을 찾는 사람이 늘어나다보면, 자연스레 집에서 나가지 않는 사람마저 늘 것이다. 로봇도 마찬가지다. 사람들이 인간관계 맺는 것을 힘들어하면, 말동무를 해줄 수 있고 대하는 데 불편함이 없는 로봇에게 점점 마음을 열 것이다. 24시간 내내 깨어 있을 수 있으니, 언제 깨어날지 모르는 아기를 돌봐줄 수도 있고 환자들 옆에서 계속 말을 걸 수도 있다. 인간은 감정적으로 지치면 다른 사람을 버릴 수 있지만 로봇은 그렇지 않기에 상처받을 일이 줄어들 것이다.

인간관계에 어려움을 겪는 사람들에게 로봇은 정서적으로 큰 안정을 가져다줄 수 있다. 인터넷이 발달할수록, 현실의 인간관계에서 오는 아쉬움 등을 SNS 등의 가상에서 터놓고 이야기하는 사람이 늘어나고 있다. 글을 올린 사람에게 댓글로 몇몇 위로의 말을 건네는 것만으로도 큰 위로가 되는데, 로봇이라도 옆에서 토닥여주거나 안아주면 얼마나 큰 위로가 될지 이루 말할 수 없다. 말하지 못할 사정을 터놓을 수 있는 로봇이라는 존재는, 어쩌면 인간에게 인간보다 더 친밀한 존재가 될지도 모르겠다.

로봇은 감정이 없기 때문에 인간의 친구가 될 수 없다고 하는 사람들이 많다. 하지만 감정이 있는 인간과 인간은, 시간이 지나면 거의 만나지 않거나 서로 상처 입히기 마련이다. 서로의 감정을 내세우기 급급한 사람들은 나중에는 인간관계에 지치게 될 것이다. 그럴 바엔 영원한 친구로 내 옆에 존재할 수 있는 로봇이 낫지 않을까 싶다. 인간관계가 서투른 사람도, 사람에게는 차마 말할 수 없는 비밀을 가진 사람도, 사람에게서 버려진 사람도. 감정의 유무, 종류에 상관없이 상처를 보듬어 줄 수 있는 것, 그게 바로 친구이자 가족이다.

· · · ·

한 권의 책을 두고 누군가와 질문하고 토론하다 보면
자연히 생각의 근육이 길러지는 것은 물론
그 책에 대한 기억도 오래간다.

하브루타 독서, 어떻게 할까?

　　　　　　처음으로 하브루타를 시작하는 사람들은 일단 어떻게 접근해야 할지 몰라서 고민한다. 하브루타에 특별한 형식이 있는 것은 아니다. 뭐든 개념을 알고 세부적으로 들어가면 쉽듯이 기본적으로 하브루타가 무엇인지 이해하면 수월하게 실천할 수 있다. 또한 무엇보다 자신에게 맞는 방법을 찾는 것이 중요하다. 여기에 소개하는 하브루타 독서법은 다년간의 경험으로 찾아낸 방법이다. 이 방법으로 진행하면 함께 읽을 책을 쉽게 고를 수 있고, 더불어 독서와 토론을 한 번에 해결할 수 있다.

　하브루타를 한다고 하면 일단 질문에 대한 부담감부터 토로하는 경우가 많다. "어떻게 질문해야 할지 모르겠어요?"라거나 "논제를 정하기가 정말 힘들어요"라고들 하소연한다. 질문할 때 다음의 사항을 유의한다면 두려움도 서서히 사라질 것이다.

첫째, 책의 내용을 충분히 숙지한 후 질문한다.
둘째, 질문은 쉽고 간결하게 한다.
셋째, 정답을 위한 질문을 의도하지 않는다.

논제를 정할 때는 다음을 유의하자.

첫째, 논제를 정하기 전에 파트너와 함께 읽은 책의 내용을 충분히 이해하고 있는지 서로 확인한다.
둘째, 책 내용에서 주요 단어를 10개 정도 뽑는다.
셋째, 뽑은 주요 단어 중 토론해보고 싶은 단어를 3개 이하로 압축해 질문을 만든다.
넷째, 하브루타 독서토론을 처음 시작한다면 너무 욕심내서 많은 분량을 다루려고 하지 말고, 하나의 논제로 깊이 있게 의견을 나누어보는 것이 좋다.

하브루타가 습관화되면 굳이 형식이 필요하지 않다. 언제, 어디서나, 누구와도 할 수 있는 게 하브루타이기 때문이다. 그러나 처음에는 함께하는 아이가 손쉽게 이해할 수 있도록 양식을 만들어 사용하면 편리하다. 선택한 텍스트를 가지고 진행 양식을 만들고 서로 체크하면서 시작하면 접근하기 쉽고 편리하다. 독서에 하브루타를 적용한 하브루타 독서 진행표를 참고하여 실제로 진행해보자.

한눈에 살펴보는 하브루타 독서 진행 과정

1회	대상 정하기(누구와 할 것인가?) 주제도서 선정하기(어떤 책으로 할 것인가?)
2회	주제도서 함께 읽기 사전 설문지 작성하기 읽은 책 내용 함께 이야기하기 주요 단어 기록하기(중심 단어 나열 방식, 일종의 브레인스토밍)
3회	가장 중요하게 느끼는 의미를 3가지로 압축하기(논제 찾기) 논제에 대한 질문 만들기 하브루타 진행하기(질문과 대답)
4회	간단하게 글로 작성하기(논설문 쓰기) 느낌 공유하기 다음 계획 세우기

· · · ·
책의 내용을 충분히 숙지한 후 질문한다.
질문은 쉽고 간결하게 한다.
정답을 위한 질문을 의도하지 않는다.

생각한다는 것의 최종산물은 언어이기 때문에 그것
을 언어화하지 않으면 자신이 느낀 감정이 그 순간 그
대로 사라져버린다.

- 오사와 마사치의 「책의 힘」

4장

아이와 함께하는 첫 하브루타 독서

누구와 어떤 책으로 할 것인가?

하브루타는 짝을 지어 질문하고 논쟁하는 토론이므로 반드시 상대가 있어야 한다. 가정에서는 물론 도서관이나 학교에서, 친구와 함께 등 어디서나 누구와도 쉽게 토론할 수 있도록 진행 방법을 상세히 제시한다.

세상의 모든 것이 그렇듯이 첫인상이 매우 중요하다. 하브루타 독서토론도 처음에 누구와 하느냐가 중요하다. 처음에 함께 한 파트너가 일방적으로 자기가 하고 싶은 말만 한다든지 단정적으로 정답만을 요구하면, 대화를 지속하기가 힘들고 독서토론을 부정적으로 받아들이게 될 것이다. 반대로 좋은 질문과 대답으로 성공적인 토론이 이루어지면, 아이들에게 살면서 어려울 때마다 써먹을 수 있는 좋은 도구 하나를 갖는 계기가 될 것이다.

하브루타 독서토론을 함께 할 파트너를 선택할 때 다음과 같은 점을 고려하면 도움이 된다.

첫째, 처음 시작할 때는 서로 잘 아는 사람과 파트너가 되는 것이 좋다. 익숙한 상대가 마음이 편하기 때문에 질문과 대답을 솔직하게 할 수 있다.
둘째, 가정에서 부모나 아이들이 짝을 지어 시작하면 거부감이 없고 효과가 크다.
셋째, 친구들과 함께 할 때는 같은 학습 동아리 회원이나 공통의 관심사를 가지고 있는 친구끼리 짝을 맞추는 것이 서로 공감하고 소통하는 데 도움이 된다.
넷째, 가정을 출발점으로 하여 점차 학교, 도서관 등으로 확장해가는 것이 좋다.

함께 읽을 책을 고른다

40대 중반의 김지은 씨와 초등학교 5학년 아들이 처음으로 하브루타 독서토론을 진행했다. 김지은 씨 가족은 엄마와 아들이 먼저 짝을 맞추어 하브루타 독서토론을 하기로 하고, 각자 읽고 싶은 책을 선정하기로 했다.

책과 함께하는 하브루타이기 때문에 주제도서를 선정해야 한다. 상대가 같은 또래라면 서로 좋아하는 책을 선정하기가 어렵지 않을 수 있다. 만약 나이 차이가 많이 난다면 어린 쪽의 수준에 맞는 책을 선정하는 것이 바람직하다. 이 경우 각자의 취향이나 요구사항이 다를 수 있으므로 서로 의논하여 결정한다. 특히 부모나 선생님이 일방적으로 주제도서를 선정하고 통보

하는 식은 좋지 않다. 오히려 아이들이 독서에 대한 반감을 가질 수 있다.

김지은 씨 가족은 서로 읽고 싶은 책에 대해 의논한 후 초등학교 추천도서 목록에 있는 「어린 왕자」를 주제도서로 선택하였다. 이 책을 선정한 이유는 각각 다음과 같았다.

엄마	어린 왕자는 보이는 것과 보이지 않는 것, 즉 어른들의 삶에 대한 비판을 어린이의 언어로 쓴 어른 동화책이라 함께 읽기에 좋은 책이라고 생각했다.
아들	별에서 온 어린 왕자가 멋있게 보였고 학교에서 추천하는 도서 목록에 있어서 읽고 싶었다.

책을 직접 선정한 후 추천 이유를 간략하게라도 정리해보면 자신의 의견을 상대에게 설득력 있게 전달할 수 있어 논리력을 향상시키는 데 좋다. 재영이와 엄마는 함께 읽고 싶은 책으로 생텍쥐페리의 「어린 왕자」를 선정한 후 함께 읽고 대화를 나누어보기로 했다. 「어린 왕자」를 번역한 황현산 선생은 이 책에 대해 다음과 같이 평했다.

논문 같은 글은 논증 장치로 설득하지만, 시나 소설은 문체로 마음을 움직인다. 가령 「어린 왕자」에서 여우가 "자기가 길들인 것만 알 수 있는 거야"라고 말할 때, 이 말이 옳다는 증거는 어디에도 없다. 오직 저자 생텍쥐페리의 진솔하고 열정적인 문체만이 이 말의 진실성을 믿게 하고 우리를 감동하게 한다.

「어린 왕자」는 어린이의 언어로 쓰인 어른의 동화라는 평과 함께 모든 내용이 대화 형식으로 되어있어 하브루타 독서토론에 적합하다. 술술 읽히는 책이라 각자 절반을 먼저 읽고, 나머지는 2회 때 다 읽기로 했다.

주제도서 함께 읽고 이야기 나누기

무엇인가를 공유할 때 상대와의 공감 능력이 향상된다. 책을 각자 읽고 와서 바로 토론하기보다 일정 부분이라도 함께 읽었을 때 더욱 효과가 크다. 다만, 책의 내용이 많은 경우에는 각자 읽되 마지막 부분만이라도 함께 읽고 시작한다. 각자에게 의미 있게 느껴진 구절을 서로 낭송하는 것도 한 방법이다. 책 내용을 있는 그대로 공유하는 것은 같은 출발점에서 시작하는 것과 같은 동질감을 느끼게 한다. 그러면서 자연스럽게 독서하는 습관도 생겨난다.

우리는 「어린 왕자」의 나머지 부분을 함께 읽고 하브루타 독서토론을 시작하기 전에 재영이에게 사전 설문지를 작성하게 했다.

하브루타 독서토론 사전 설문지 예시

참여자	서재영, 엄마
주제도서	어린 왕자(생텍쥐페리)
중심 단어 기록하기(10개)	보아뱀, 비행기, 별, 장미, 여우, 길들이다, 관계 맺기, 이별, 친구, 여행
중심 단어 압축하기(3개)	길들이다, 장미, 친구
처음 책을 읽고 난 감상문 쓰기 (논술 형태의 글쓰기 요청)	「어린 왕자」를 읽고 좀 어렵다고 생각했다. 일단 등장인물도 많고, 어린 왕자가 살던 별과 지구에서의 이야기가 계속 나온다. 「어린 왕자」에 나오는 보아뱀 그림을 보고 모자라고 생각하게 되는 것과, 어린 왕자가 여행을 떠나게 된 이유가 있었다. 어린 왕자는 장미꽃의 말 때문에 자기의 조그만 별을 떠나 여행하게 되지만, 나중에 장미꽃의 마음을 알게 되고 말이 아닌 행동을 보아야 했다며 별을 떠난 것을 후회했다. 난 아직 잘 모르겠다. 보이는 것과 보이지 않는 것이 무엇인지도 모르겠고. 서로 길들여진 관계하고만 놀 수 있다고 했는데, 그러면 새로운 친구를 사귀면 안 되는 것인지도 궁금했다. 그러나 이런 생각은 든다. 나는 아직 모르는 것이 많고, 그렇기 때문에 내가 보아야 할 것, 알아야 할 것이 너무나 많은 것 같다. 어린 왕자는 지금 하늘에 반짝이는 별로 살고 있을까? 궁금하다.

선정한 책을 읽고 내용을 공유한다

주제도서의 내용을 파악하는 것은 앞으로 진행할 하브루타 독서토론에서 가장 필요한 과정이다. 책 내용을 제대로 파악하지 못하면 핵심 정리가 되지 않은 채 시험을 치르는 것과 같다. 세상에 존재하는 모든 사물은 그 나름대로 특징이 있고 성격이 다르다. 같은 책을 읽더라도 내용을 다르게 인식할 수도 있고 중요한 부분이 다를 수도 있다. 나와 다른 것을 고쳐주려 하지 말고 다름을 인정한다. 예를 들어 '1 + 1 = 3'이라고 하더라도 "그건 틀렸어"라고 말하면 안 된다. 부모나 선생님들이 저지르기 쉬운 실수다. 아이가 책 내용을 그렇게 파악한 이유를 들어주면 된다. 그대로 받아들이고 메모해둔다.

책을 읽고 내용을 함께 이야기하기에 앞서 중요한 점은 아이가 책을 읽고 내용을 이해하고 있는지, 독해하는 방법이 어떤지를 알아보는 것이다. 책 내용을 이야기할 때는 어떤 평가나 해석을 덧붙이지 말고 사실만 나열하는 것이 좋다. 편견 없이 이야기를 나누기 위해서다.

엄마와 아들이 함께 파악한 주제도서 내용

책 속 내용 파악하기

이 책의 저자는 생텍쥐페리로 프랑스에서 태어났다. 「어린 왕자」는 1943년 미국에서 처음 출판되었고, 1946년 프랑스에서 출판되었다. 생텍쥐페리는 1943년 프랑스에서 비행사로 활동하다가 행방불명된 후 사망한 것으로 추정된다.

1 책 내용은 비행기 고장으로 사하라 사막에 불시착한 비행사가 소행성 B-612에서 왔다는 어린 왕자를 만난다.
2 비행사가 어린 시절, 코끼리를 삼킨 보아뱀을 그린 이야기를 들려준다. 어른들은 아무도 그 그림을 보아뱀으로 보지 않고 모자라고 했다.
3 어린 왕자가 비행사에게 양 한 마리를 그려달라고 했다. 그리고 지구에 오기 전까지 어린 왕자의 별 여행기를 들려주었다.
4 다음으로 지구에서의 여정을 이야기한다. 그리고 1년 후 어린 왕자가 죽어 사라진다.

논제 찾고 질문 만들기

가장 의미 있게 느껴진 것을 3가지로 압축한다

읽은 책의 내용을 파악하기 위해 일단 전체에 대해 줄거리를 요약하듯이 이야기를 나눈다. 그리고 나서 각자에게 가장 중요하게 또는 의미 있게 다가온 내용을 압축하여 단어 또는 한 문장을 넘지 않는 분량으로 3가지 정도의 논제를 정리한다. 다만, 상대방이 정한 논제에 대해 논평하지 않는다. 「어린 왕자」를 읽은 재영이와 엄마는 각자 원하는 단어를 3개씩 적었다.

- 아들이 추천한 핵심 단어 : 길들이다, 친구, 장미
- 엄마가 추천한 핵심 단어 : 길들이다, 습관, 관계 맺기

각자 중요하다고 느낀 단어에서 함께 적은 '길들이다'를 오늘의 주제로 선

택하고, 길들여지는 것이 좋은지 아닌지에 대한 재영이의 의견을 물어보았다. 재영이는 길들여지는 것에 대해 좋다는 생각을 가지고 있었다. 그 생각에 대한 주장을 담은 글을 써보게 했다. 재영이는 평소에도 책을 많이 읽어서인지 주장을 보면 남자다움도 있고 꽤 설득력도 있다.

논제에 대한 재영이의 의견

1 여우는 누구나 자기가 길들인 것만 알 수 있다고 했다. 그러니까 더 많은 것을 알려면 더 많은 것을 길들여야 한다.
2 어린 왕자는 길들임에 집착하여 장미들에게 상처를 준 게 아니다. 장미는 자신이 직접 물을 주고 벌레를 잡아주며 시간을 쓴, 세상에 단 하나밖에 없는 장미다. 그러니 남이 가꾸어놓은 장미보다는 당연히 소중하다. 남과 소중한 관계를 맺으려면 당연히 길들임이 필요하다.
3 어린 왕자와 여우는 작별할 때 울었다. 작별이 슬퍼서 길들임은 나쁘다고 하는데, 만남이 있으면 이별이 있기 마련이다. 그리고 이별이 슬프다는 건 둘이 특별한 관계를 맺었다는 건데, 길들임이란 이렇게 특별한 관계를 맺어주니 필요하다.
4 내가 정리해본 길들여짐의 정의는 편안함, 관계, 행복함, 공유, 익숙해짐이다. 하나같이 좋은 단어다. 세상에서 하나밖에 없는 관계를 맺고, 그것을 통해 편안함과 행복함을 느끼고, 그러면서 서로에 대해 공유하고, 차차 익숙해지는 게 바로 길들임이다. 때론 상처받기도, 슬프기도 하겠지만, 그것을 무릅쓰고 길들여지는 게 필요하다고 나는 생각한다.

논제에 대한 질문을 만든다

논제로 사용할 핵심 단어가 정해지면 그 단어를 가지고 5가지 정도의 질문을 만들어본다. 단어는 하나일지라도 질문은 얼마든지 여러 가지로 만들어낼 수 있다. 질문지를 이용하여 질문 만들기를 연습하면 논리력과 창의력을 키울 수 있다. 그리고 문장의 형식으로 질문을 만들기 위해서는 생각을 깊이 할 수밖에 없다. 결국 질문을 만드는 행위 자체로도 생각하는 힘을 키울 수 있다. 다음은 이번 주제인 '길들이다'에 대한 질문을 작성한 것이다.

책 속 내용으로 좋은 질문 만들기

번호	질문
1	'길들이다'가 뭘까?
2	장미와 어린 왕자는 누가 길들인 걸까?
3	어린 왕자는 왜 길들여진 관계하고만 놀 수 있다고 했을까?
4	우리는 누구와 길들여진 관계일까?
5	소중한 관계를 맺는 게 먼저일까? 아니면 길들여져야 소중한 관계가 되는 걸까?

· · · ·

문장의 형식으로 질문을 만들기 위해서는
생각을 깊이 할 수밖에 없다.
결국 질문을 만드는 행위 자체로도
이미 생각하는 힘을 키울 수 있다.

하브루타 독서토론 진행하기

하브루타란 짝을 지어 질문하고 토론하고 논쟁하는 것인 만큼 질문하는 사람과 답하는 사람이 정해져있지 않다. 그러나 아이들과 하브루타를 처음 진행할 때는 부모가 질문자가 되어 대화를 이끌어가야 독서토론을 지속할 수 있다. 아이가 하브루타에 익숙해질 때까지 배려하면서 진행한다.

처음부터 아이에게 질문을 해보라고 다그치거나 답을 제때 빨리 하지 않는다고 속상해하지 않는다. 질문할 때는 한 번에 한 가지의 주제를 가지고 질문한다. 그래야 그 주제로 심도 있는 해답을 찾아내기가 좋다. 하나의 주제를 가지고 하브루타를 시작해도 대화를 진행하다보면 서로의 생각에서 수없이 많은 질문과 대답이 나온다. 한 가지 주제에서 파생적으로 발달하는 논리의 확장은 매우 바람직한 결과이다. 한 번에 한 가지 주제만 질문하라는 것은 토론의 방향성을 먼저 정하자는 것이지 생각을 고정화하자는 것은 아니기 때문이다.

　예를 들어 우리가 여행할 때 경부고속도로로 갈지, 중부고속도로 갈지를 정하는 것과 같은 것이다. 길이 정해지면 다음은 어렵지 않다. 그 길에서 우리는 산과 들도 보고, 지나치는 곳곳에서 아름다운 자연과 다양한 사람들, 그들의 사는 모습도 볼 수 있다.

　마찬가지로 질문을 할 때도 대주제를 정하고 질문하다보면 다양한 소주제가 나오게 되고 끊임없이 질문과 대답이 나오게 된다. 일상에서 우리는 자신이 한 번에 얼마나 많은 질문을 무의식적으로 하고 사는지 인지하지 못할 때가 있다. 우리 집 아침 풍경만 봐도 알 수 있다.

엄마 : 민주야, 일어났어?
엄마 : 민주야, 아침 먹을 거야?
엄마 : 민주야, 오늘은 무슨 일 하니?
엄마 : 민주야, 너 어제 몇 시에 잤어?
민주 : 엄마! 뭐가 제일 궁금해요?

상대의 질문을 비판하지 않고 경청한다

　질문을 던진 후엔 상대가 몰입하고 생각할 수 있게 기다려준다. 무언가를 답하기 위해서는 질문에 대한 이해와 의견을 정리할 시간이 필요하다. 또한 생각이 다르더라도 비판하지 않는다. 사람은 생김새만큼이나 성격과 생각이 다 다르다. 그럼에도 우리는 다양성을 인정하지 않는 경향이 있다. 자신과 다른 생각을 말하면 자기도 모르게 "그게 아닌데", "그건 틀렸어"라는 말을 불쑥 내뱉으며 상대의 입장이나 의견을 부정하곤 한다. 모든 사람은 세상을 바라보는 기준이 서로 다르다. 상대의 생각과 행동을 자신의 기준으로 평가하지 말고 흥미와 관심을 가지고 지지해준다면, 상대는 자신의 행동에 의미를 부여하며 사고를 확장해나갈 수 있다. 그렇게 기다려주고 지지하는 과정에서 질문에 대한 흥미와 인내심, 집중력을 키울 수 있다.

상대가 말을 할 때 경청하는 태도는 기본이고 가장 중요하다. 전문가들은 대화를 잘하고 싶은 사람에게 경청하는 습관부터 가지라고 조언한다. 경청은 마음의 문을 열어주기 때문이다. 좋은 의미로 대화를 시작하고도 때때로 서로 언성을 높이거나 상대방의 마음을 불편하게 하는 경우가 일어난다. 이는 질문의 주제나 상대의 대답을 경청하지 않았기 때문이다. 경청한다는 것은 언어뿐만 아니라 비언어적 요소도 포함한다. 눈빛, 시선, 몸짓, 표정 등 온몸으로 상대의 말을 듣는 것이다.

이제 본격적으로 토론에 들어가보자. 다음은 「어린 왕자」에서 어린 왕자와 여우가 '길들이다'에 대한 이야기를 나누는 부분이다. 여우를 통해 어린 왕자가 '길들이다'라는 말을 알게 되고 여우를 길들인다. 어린 왕자가 여우를 길들일 때 '하루가 지날 때마다 한 발짝씩 가까이 앉으면 된다'고 여우가 말한다. 이 내용은 많은 사람이 인상적으로 기억하는 부분이기도 하다.

만일 당신이 나를 길들인다면 우리는 서로 떨어질 수 없는 사이가 되는 거야.

그리고 당신은 나에게 있어서 이 세상 단 하나의 유일한 존재가 될 것이며, 나 역시 당신에게 있어 이 세상에 둘도 없는 여우가 될 거야.

가령 네가 오후 4시에 온다면 나는 3시부터 행복해지기 시작할 거야.

시간이 가면 갈수록 그만큼 나는 더 행복해질 거야.

4시가 되면 이미 나는 불안해지고 안절부절못하게 될 거야.

나는 행복의 대가가 무엇인지 알게 되는 거야.

– 「어린 왕자」 어린 왕자와 여우의 대화 중에서

재영이와 엄마의 하브루타 독서토론
논제 | 길들이다

엄마   재영이는 「어린 왕자」를 읽고 나서 뭐가 제일 기억에 남았어?

재영   어린 왕자는 길들여진 존재하고만 놀 수 있다고 했는데 왜 그래야 하는지 궁금했어요.

엄마   길들여진다는 게 인상적이었구나. 그런데 길들여진다는 건 무슨 뜻일까?

재영	알 듯 말 듯해요. 잘 모르겠어요. 그런데 책에서 보아뱀 그림이 나오는데, 저도 그 그림이 처음에 모자처럼 보였어요. 저도 보통 모자 그릴 때 그렇게 그려요. 그런 게 길들여지는 거예요?
엄마	재영이는 길들여지는 것이 습관이나 이미지처럼 느껴지니?
재영	네. 왜냐하면 어린 왕자도 별에서 매일매일 장미를 보고 물도 주고 벌레도 잡아주고, 그래서 장미를 좋아하게 되잖아요. 장미는 성격도 까칠한데 어린 왕자는 걱정하고 그리워하잖아요.
엄마	매일매일 장미를 보살펴주는 게 습관이었을까?
재영	제 생각은 처음에는 장미가 죽을까봐 불쌍해서 물도 주고 그랬는데, 어느 순간 습관이 되고 사랑하게 된 것 같아요.
엄마	습관이 되면 뭐든지 사랑하게 되고, 그러면 길들여지는 걸까?
재영	습관이 된다고 뭐든지 사랑하게 되는 건 아닌 거 같아요.
엄마	왜 그렇게 생각해?
재영	왜냐하면 저는 매일 아침 학교에 가야 하니까 7시에 일어나는 게 습관이 됐지만 사랑하지는 않아요.
엄마	그럼 습관하고 길들여지는 건 다른 게 아닐까? 재영이는 정말 사랑하는 게 뭐가 있을까?
재영	엄마, 아빠, 친구들 그리고 핸드폰이요.
엄마	그렇구나. 그런데 엄마, 아빠, 친구들 그리고 핸드폰은 너에게 어떤 의미야?
재영	엄마, 아빠, 친구는 내가 정말 좋아하는 사람들이고, 핸드폰은 다른

사람들과 연락도 하고, 가끔 게임이나 검색할 때 꼭 필요한 거예요.

엄마 필요하다는 것과 사랑하는 건 같은 걸까? 책 속에도 이런 질문이 있는지 찾아볼까? 혹시 기억나는 장면이 있을까?

재영 「어린 왕자」 안에 여러 가지 길들여지는 이야기들이 있어요. 그중에 보아뱀을 보고 느낀 이야기가 나오잖아요. 모자는 네모난 모양이다.

엄마 그것도 길들여진 것처럼 느끼는 거야?

재영 네, 저도 그 그림이 모자처럼 보였어요.

엄마 그래, 엄마도 네모난 게 모자처럼 보이거든. 그래도 그걸 사랑하지는 않아. 그렇다면 길들여지는 것만으로 사랑하게 되는 건 아니지 않을까? 재영이는 어떻게 생각해?

재영 나도 길들여진다고 무조건 사랑인 건 아니라고 생각해요.

엄마 왜 어린 왕자는 지구에도 수많은 장미가 있는데 유독 별에 두고 온 까칠한 장미를 보고 싶어 하는 걸까?

재영 책에서 어린 왕자는 장미와 이미 소중한 관계를 맺었기 때문에 잘 보살펴주어야 한다고 했어요.

엄마 장미는 어린 왕자에게 어떤 의미야?

재영 어린 왕자는 처음에는 그냥 보살펴주기만 했는데 자꾸 길들여지고, 이제는 관계를 맺어서 소중한 존재가 된 거예요. 그래서 사랑하게 됐어요.

엄마 너도 이렇게 길들여진 관계가 있어?

재영 학업제도 또는 입시제도 같은 거요.

엄마   음, 학업제도 또는 입시제도?

재영   제가 원하든 그렇지 않든 학교에 가야 되고, 학교에서 가르치는 형태의 학업제도에 길들여지는 것 같아요.

엄마   재영이가 지금 학업제도나 입시제도에 길들여진다고 했는데, 그럼 그것은 네가 원해서 길들여지는 거야?

재영   아니요.

엄마   재영이에게 길들여지는 것은 좋은 것만은 아니네?

재영   그렇게 억지로 길들여지는 것은 싫어하지만 길들여져서 좋은 게 더 많아요.

엄마   어떤 것?

재영   친구들이요.

엄마   아, 친구들이랑 관계를 맺고 길들여지는 것은 좋아?

재영   저하고 친한 친구들은 서로 성격도 잘 맞고 생각도 비슷하고 잘 통해서 그 친구들이랑 서로 길들여지는 것은 좋은 것 같아요.

엄마   그렇게 서로 길들여졌는데 그 친구들과 불편해지거나 나빠진 경우는 없었니?

재영   아직은 그런 적 없었어요.

엄마   그런데 아까 학교에서 자기가 원하지 않는데도 입시제도나 학업제도에 길들여지는 것 같다고 했잖아? 그런 생각으로 학교에 다니면 재미도 없고 힘들지 않아?

재영   좋아하는 친구들이 학교에 있어서 지금은 학교에 가는 게 좋아요.

엄마	재영이에게 친구들이 정말 중요하고 큰 의미가 있구나. 그럼 나머지는 생각을 안 하고 참는 거야?
재영	아니요. 공부하는 것 중에 내가 좋아하는 과목이 많으면 학교 가는 것이 점점 재미있어지는 것 같기도 해요.
엄마	그래, 오늘 엄마가 우리 아들에 대해서 많이 알았네. 재영아, 지금까지 이야기한 길들여짐에 대해서 어떻게 생각하는지 말해줄래?
재영	어린 왕자처럼 소중한 관계를 맺고 좋게 길들여지는 친구들이 많으면 좋을 것 같아요.
엄마	그렇구나! 「어린 왕자」에 이런 내용이 나오잖아. 어린 왕자와 여우가 나눈 대화인데,

"안녕! 나랑 놀자. 나는 아주 쓸쓸하단다."
"난 너랑 놀 수 없어. 우린 서로 길들여지지 않았으니까."

	이건 고정관념이 아닐까? 난 길들여진 관계하고만 소통하고 놀고 싶다고 말하는 것 같은데 어떻게 생각하니?
재영	저는 아직 그런 적은 없었지만, 그건 별로 좋은 것 같지 않아요.
엄마	왜?
재영	어린 왕자는 지구에서 만난 무엇과도 아직 관계를 맺거나 익숙해지지 않았지만, 그래도 길들여진 관계하고만 놀면 새로운 친구를 사귈 수도 없고, 혼자 있으면 외로울 것 같아요.

엄마 너는 지금 관계 맺고 있는 사람들도 중요하지만 새로운 관계 맺기도 중요하다고 생각하는 거야?

재영 네. 왜냐하면 앞으로 중학교도 가고, 그러면 새로운 친구들, 선생님도 만나서 좋은 관계를 맺고 싶어요. 그리고 다른 재미있는 것들도 많을 것 같아요.

엄마 그렇구나. 오늘 엄마하고 「어린 왕자」를 읽고 '길들이다'에 대해 이야기를 나눴는데 처음 시작할 때와 끝낸 후 어떤 생각이 드니?

재영 처음에 책만 읽었을 때는 솔직히 길들인다는 게 정확하게 무슨 뜻인지 몰랐어요. 어쩌면 '자주 만나게 되면 길들여지는 건가?'라고 생각한 것 같아요. 그런데 지금은 길들여진다는 것은 소중한 관계가 되고 서로 사랑하게 되어 그리워지고 다시 길들여지는 것 같아요. 저도 이제부터 사람들 그리고 물건들, 꽃, 동물, 배우는 것과 소중한 관계를 맺고 길들여지고 싶어졌어요.

엄마 음, 우리 재영이 똑똑한데. 여우가 그렇게 말했어. "지금은 나에게 네가 필요치 않고, 너에게 내가 필요하지 않지만, 그렇지만 네가 나를 길들이면 우리는 서로 그리워질 거야"라고. 엄마는 이 말이 굉장히 중요하게 느껴져. 처음에는 아무 의미 없는 것들이 서로에게 길들여지면 아주 소중한 관계가 된다는 거잖아. 아들 생각은 어때?

재영 전에는 「어린 왕자」를 읽고 나서 그냥 어느 날 갑자기 지구에 떨어진 꼬맹이가 그냥 뭐 여행하면서 슬슬 놀러 다니는 이야기로 생각했는데, 누군가에게 제가 길들여지는 것도 제가 누군가를 길들이는 것도

	굉장히 중요하다는 것을 알게 됐어요. 그래서 「어린 왕자」를 쓴 생텍쥐페리에게 감사해요.
엄마	엄마도 오늘 좋았어. 우리 아들이 이렇게 생각을 잘하는구나. 지금까지 한 대화를 중심으로 너의 생각을 글로 써보면 좋을 것 같아.

간단하게 논설문 작성하기

책을 읽고 글이나 그림, 편지 등 다양한 방법으로 독후 활동을 하듯이 하브루타에서도 독서토론을 끝낸 후 생각을 정리하여 글로 작성해보는 것이 좋다. 재영이는 사전 설문지에 쓴 글도 나쁘지 않았다. 그러나 대화를 마치고 난 뒤 쓴 글에는 자기의 생각이 더 명확하게 표현되어있다. 앞에서도 밝혔듯이 확실한 주장과 자신의 생각을 논리적으로 표현할 수 있는 글쓰기도 많이 쓰고 연습하다 보면 실력이 는다. 하브루타 독서법은 글쓰기 실력을 늘리는 좋은 방법이다. 또한 생각이 단단해지는데, 그것은 미래를 책임지고 가야 할 우리 아이들에게 가장 필요한 덕목이다.

재영이가 독서토론 후 작성한 논설문

우리는 살면서 여러 사람들과 또는 다양한 사물들과 관계를 형성하며 살아간다. 누군가와 만나고 친해질 때 그 관계를 유지하기 위해 사랑과 관심을 주고받으려는 노력을 해야 한다고 생각한다. 그 과정에서 관계를 지속적으로 유지하기 위해서는 서로에 대한 관심과 배려가 밑바탕이 되어야 한다. 여우는 어린 왕자에게 길들여짐에 대하여 이렇게 말한다.

"네가 나를 길들이면 우리는 서로에게 필요한 존재가 되는 거야."

여우는 친구가 되기 위해서는 참을성이 많이 필요하다는 것과, 세상에 똑같이 생긴 많은 장미들이 있지만 어린 왕자가 아끼고 돌보았던 장미는 어린 왕자와 소중한 관계를 맺었기 때문에 이 세상에 하나밖에 없는 특별한 장미가 되었다는 것을 알려준다. 바로 길들여졌기 때문이다.

서로 친숙해지는 것, 예를 들어 여우에게 어린 왕자는 길들여지기 전 이 세상의 어디서나 볼 수 있는 평범한 남자아이와 같았지만, 길들여지면 어린 왕자가 세상에 단 하나밖에 없는 필요한 존재가 된다. 나는 매일 학교에도 가고, 친구들을 만난다. 이것이 특별한 일이라는 것을 몰랐다. 우리 주변의 친구도 서로 길들이면서 관계를 형성하기 위해 노력해야 우정과 사랑을 쌓아갈 수 있다는 것을 알게 됐다. 좋은 길들여짐은 어느 한쪽의 일방적인 관계 맺기가 아니어야 한다. 서로 간의 길들여짐이 지속되기 위해서는 무엇보다도 서로에 대한 배려가 필요하다.

서로 길들여질수록 행복해지고 기쁨은 늘어난다. 남보다 더 소중하고 하나밖에 없는 것을 내 것으로, 내 것을 다른 이의 것으로 나누면 길들임은 오래도록 유지될 것이다.

사람은 혼자 살 수 없고 누군가를 필요로 한다는 것은 그 누군가에게 길들여짐을 뜻한다. 그러므로 길들여짐은 사람이 살아가는 데 반드시 필요하다.

하브루타 독서토론을 할 때 주의할 점

하브루타 독서법은 책 한 권으로 다양한 시도를 한다. 지금까지 읽기만 했던 책, 하브루타와 접목하면 독서의 만물상이 된다. 재영이는 엄마가 처음 하브루타 독서토론을 제안했을 때 귀찮다며 거부했다. 그러나 엄마의 설명을 듣고 4회에 걸쳐 하브루타 독서토론을 하고 나더니, 이런 식으로 책을 읽으면 무척 재미있겠다며 매우 만족해했다. 뭐든 시작이 어려운 법이다. 낯설고 두려운 것은 피하게 마련이라 대부분의 아이들이 처음엔 거부하기 쉽다. 이때 하브루타의 의미를 말해주고 독서와 접목해 어떻게 토론하는 건지 찬찬히 설명한다면 거부 반응이 점차 수그러들 것이다. 처음 시작이 낯설고 어려워도 천천히 꾸준하게 한다면 아이의 독서습관은 걱정할 필요가 없다.

지금까지 설명한 하브루타 진행 과정을 하루에 다 하려고 해서는 안 된다. 그렇다고 너무 오랜 시간에 걸쳐 하는 것도 아이를 지치게 만들어 오히려 역

효과가 생길 수 있다. 토론하는 시간은 초등학생인 경우 1회에 40분 정도가 적당하고, 중학생은 1시간 정도가 적절하다. 대상도 가족에서 친구와 학교, 사회로 점진적으로 확장할 필요가 있다. 보통 도서관에서는 한 권의 책을 가지고 4주에 걸쳐서 독서토론을 진행한다. 가정에서도 4회로 나누어서 진행하는 것이 좋을 듯하지만, 경우에 따라서 횟수는 파트너와 협의하여 조정할 수 있다.

재미있게, 그리고 꾸준히

아무리 좋은 방법도 일회성으로 끝나면 효과를 볼 수 없다. 지속적으로 연결하기 위해서는 쉽고 재미있게 진행되어야 한다. 질문하는 것에서부터 논술 쓰기까지 자연스럽게 연결되려면 진행 과정이 순조로워야 한다.

처음에는 앞서 소개한 하브루타 독서 계획표를 만들어 순서에 따라 진행해보는 것도 좋은 방법이다. 점차 횟수가 늘어나면 서로 진행 방법을 협의해 좀 더 자유롭게 진행한다. 최종 목적은 언제, 어디서, 누구를 만나더라도 질문하는 문화를 정착시키는 데 있다. 하브루타를 진행할 때 특별히 주의할 점은 다음과 같다.

1 하브루타는 승패를 가르는 찬반 토론이 아니다.
2 주제에 대해 이해할 수 있도록 읽은 책 내용에 대해 서로 충분히 이야기를

나누는 것이 바람직하다. 진행하고자 하는 주제를 이해하지 못하면 토론에 집중할 수 없다.

3 질문 후 대답할 수 있는 시간을 충분히 준다.
4 하브루타의 목적을 설명해준다. 하브루타는 정답이 따로 있는 것이 아니라 반드시 질문과 대답을 통해서 해답을 찾아가는 것임을 알 수 있도록 도와준다.
5 파트너의 이야기에 집중하고 경청하여 신뢰감을 준다.
6 서로의 질문과 대답에 대해 반대 의견을 수용할 수 있게 한다. 하브루타는 질문과 논쟁을 통해 성장할 수 있다는 것이 장점이다.
7 논쟁은 하되 상대를 비난하거나 공격은 하지 않도록 유의한다.
8 마무리 시간에 질문과 대답에 대해 칭찬해 자신감을 갖게 한다.

짧은 시간에 일어난 놀라운 변화

인류의 대표적인 지혜서로 통하는 「탈무드」에는 수많은 짧은 이야기들이 들어있다. 유대인들은 「탈무드」를 통해서 질문하고 토론하며 소통해왔다. 몇 년 전, 「탈무드」에 나오는 '당나귀와 다이아몬드'라는 이야기를 가지고 하브루타를 진행한 적이 있다. 당시 5학년이던 서희의 대답이 지금도 기억에 남는다. 마치 눈앞에서 생각 나무가 쑥쑥 자라는 것처럼 보였다.

한 엄마가 시장에서 아들에게 줄 외투를 사 왔는데, 외투 주머니에 반지가 들어있는 것을 아들이 발견했다. "엄마, 값비싼 보석 반지가 들어있어요." 엄마는 순간 '외투를 돈을 주고 샀으니 저 반지를 가져도 될까?' 하며 마음이 흔들렸다. 그러나 외투를 샀지 반지를 산 것은 아니니 혼란스러워 랍비에게 물어보겠다고 아들에게 말했다. 랍비가 엄마의 말을 듣고 탈무드에 나오는 이야기 하나를 들려주었다.

나무를 팔아 생계를 근근이 꾸려가는 가난한 랍비가 있었다. 나무를 팔러 오고가는 시간을 절약해서 그 시간에 탈무드를 공부하고 가르치는 데 힘쓰기 위해 한 아랍 상인에게 당나귀 한 마리를 구입했다. 제자들이 당나귀를 씻기려고 냇가로 데려갔을 때 당나귀 귀에서 반짝거리는 것이 보였다. 다이아몬드였다. 제자들은 다이아몬드를 팔면 당분간 나무를 팔지 않아도 되고 가르칠 시간이 더 늘어난다며 기뻐했다. 그러나 랍비는 엄한 얼굴로 말했다. "나는 당나귀만 샀지 다이아몬드는 사지 않았다. 그러니 돌려주는 것이 옳지 않으냐?"

이 이야기를 들은 엄마도 반지를 돌려주어 아들에게 엄마의 정직한 모습을 보여줄 수 있었다.

당나귀 귀 속의 다이아몬드는 누구 것일까?

서희의 처음 답변	상인은 분명히 당나귀 한 마리를 팔았고, 나무꾼은 당나귀 한 마리를 샀으므로 거래는 끝났다. 나중에 추가로 다이아몬드가 발견되었지만, 그 금액을 추가로 지불해야 하는 것은 아니다. 이미 거래는 끝났기 때문이다.
두 번째 하브루타 때 서희의 답변	당나귀를 판 상인이 당나귀만 파는 상인이었는지, 다른 물품도 함께 파는 중이었는지를 물어봐야 하는 게 아닐까? 왜냐하면 만약 당나귀만 파는 상인이라면 다이아몬드를 산 사람이 갖는 것이 옳다. 그 사람이 파는 것은 당나귀이므로 다이아몬드는 당나귀 안에 포함되어 있던 것이다. 그러나 만약에 상인이 당나귀와 다이아몬드 외에 다양한 상품을 팔았다면 당나귀와 다이아몬드는 각각의 상품이므로 상인에게 돌려주는 것이 옳다.

하브루타를 시작하고 단 2회 만에 스스로 생각을 확장시키는 서희를 보면서 많은 아이들이 하브루타를 경험하기를 간절히 바라게 되었다.

····

아무리 좋은 방법도
일회성으로 끝나면 효과를 볼 수 없다.
지속적으로 연결하기 위해서는
쉽고 재미있게 진행되어야 한다.

생각은 불꽃과 같아서 항상 존재하며 완전히 소멸하지 않을 수도 있다. 하지만 활활 타오르는 불꽃을 유지하려면 한 권 한 권 책을 땔감으로 태워야 한다.

– 탕누어의 「마르케스의 서재에서」

5장

사례로 배우는
하브루타
독서토론

사례 1

「기억 전달자」 하브루타 독서
초등학교 5학년 도윤이와 대치도서관장 유순덕

사전 설문지 작성하기

참여자	김도윤, 유순덕 관장
주제도서	기억 전달자(로이스 로리 지음, 비룡소)
책 속 내용 파악하기	1993년 보스턴 글로브 혼 북 아너 상, 1994년 뉴베리 상을 수상한 장편소설이다. 2014년에 영화로도 만들어졌다. 평등이라는 가치 아래 모두가 똑같은 형태의 가족과 살고 동일한 교육을 받으며 성장하는 곳, 이곳에서 스스로 선택할 수 있는 일은 없다. 가족도 배정받고, 식사도 똑같이 제공받는다. 직업도 열두 살이 되면 위원회가 정해준다. 로봇과 같은 삶에 누구도 불평하지 않는 이유는 과거의 기억을 모두 잃어버렸기 때문이다. 단 한 명 기억 보유자만이 모든 기억을 가지고 있다. 열두 살 기념식에서 조너스에게 내려진 직위는 기억 보유자다. 선임 기억 보유자는 이제 기억 전달자가 되어 조너스를 훈련시킨다. 이 책은 모두가 잃어버린 여러 감정들을 찾아 나서는 열두 살 소년의 이야기를 그려내고 있다. 조너스는 효율적이고 평화로운 사회를 이루기 위해 희생된 진짜 감정들을 경험하게 된다.
중심 단어(9개)	평등, 가족, 열두 살, 자유, 용기, 직업, 기억 전달자, 감정, 선택
핵심 단어(3개) → 논제로 사용	용기, 자유, 선택

책 속 내용으로 좋은 질문 만들기

1	스스로 선택하고 책임지는 것은 어떤 것이 있을까?
2	우리에게 모든 것이 주어진 대로 살아야 한다면 어떨까?
3	'용기 있다'는 게 뭘까?
4	우리가 살면서 정말 용기가 필요할 때는 어떤 때를 말하는 걸까?
5	만약 자유가 없다면 무엇이 제일 힘들까?

독서토론 진행하기

유 관장 「기억 전달자」를 읽어보니 어땠어?

도윤 재미있었어요.

유 관장 그 책을 읽고 어떤 느낌이 들었니?

도윤 그곳에 사는 사람들이 불쌍하게 느껴졌어요. 우리가 당연하게 여기는, 색깔을 보고 감정을 느끼고 하는 것을 전혀 할 수 없다는 게 너무 슬펐어요. 한편으로 내가 살아있다는 사실에 감사한 마음이 들었어요.

유 관장 그렇게 많은 것을 책 한 권을 읽고 느낀 거야? 축하해! 그곳에서는 특별히 고민하지 않아도, 또 열심히 공부하지 않아도 다 저절로 주어지잖아. 그것보다 지금 도윤이의 현실이 더 감사하고 기뻤어?

도윤　네.

유 관장　그중에 도윤이는 어떤 부분이 제일 답답했어?

도윤　자기가 스스로 선택을 할 수 없다는 게 제일 답답해요. 왜냐하면 자기 스스로 선택하면 잘못해도 배우는 게 있잖아요. 그래서 제가 원하는 대로 할 수도 있고 반성도 할 수 있다는 게 감사했어요.

유 관장　스스로 선택하고 책임지는 것이 좋다는 거네?

도윤　네.

유 관장　스스로 선택해야 하는 게 힘들 때는 없었어?

도윤　힘들 때도 있었는데 친구들이나 가족들과 의논할 수 있으니 괜찮아요.

용기란 뭘까?

유 관장　만약에 책 속의 커뮤니티처럼 모든 것이 주어진 대로 살아야 한다면 어떨까?

도윤　제가 만약 조너스라면 그렇게 용기를 낼 수 없었을 것 같아요. 실제로 조너스처럼 행동하는 건 무척 두려울 것 같아요.

유 관장　여기 나오는 조너스가 용기 있는 사람인 것 같아?

도윤　네.

유 관장　도윤이는 '용기 있다'는 게 뭐라고 생각하는데?

도윤   자신의 이익뿐 아니라 다른 사람에게도 도움이 되거나 다른 사람을 위해 희생하는 게 용기인 것 같아요.

유 관장   그럼 용기는 힘이 있는 거야?

도윤   힘이 있는 거예요.

유 관장   도윤이가 생각하는 용기는 선과 악이 아니라 힘이 있어야 가능한 것 같아. 용기가 있을 때는 힘이 세지는 거네?

도윤   용기를 나쁜 쪽으로 사용할 때는 말고요.

유 관장   도윤이는 용기를 선한 쪽으로 사용했을 때는 용기의 힘이 세지지만, 용기를 나쁜 쪽으로 사용하면 힘이 약해진다고 생각하는 거야?

도윤   네.

유 관장   용기를 선하게 쓰지 않고 나쁘게 쓸까봐 걱정이 돼?

도윤   네.

유 관장   용기를 가지고 나쁘게 쓰는 경우는 어떤 게 있을까?

도윤   다른 사람을 해치거나 폭력을 사용할 때 쓰는 건 나쁜 용기인 것 같아요.

유 관장   조너스가 동생을 죽일까봐 데리고 떠나잖아. 조너스에게는 위험한 일일 수도 있었는데 그렇게 한 행동은 선한 용기일까?

도윤   네.

유 관장   그래서 조너스가 성공했으면 하는 거야?

도윤   네.

유 관장   도윤이는 아직 어려서 부모님이나 선생님, 사회가 보호해주잖아. 조너스는 그런 보호장치가 하나도 없는 상태에서 떠난 건데 조너스 앞 길이 위험하지는 않았을까?

도윤 네. 이제 밖으로 나와서 기억이 실제상황이 되었으니까 여러 가지 감정도 느끼게 되었을 거고, 살아가면서 다른 친구도 만나고 가족도 만나게 될 것 같아요. 그런데 나쁜 사람들을 만날까봐 걱정돼요.

유 관장 조너스의 입장에서는 많이 당황스럽지 않을까? 낯선 감정들이 막 들어오면서 당혹스럽고 그럴 것 같은데 그때 그 감정을 어떻게 감당해야 할까?

도윤 저는 제가 무서울 때는 부모님이나 다른 사람에게 말하거든요. 그러면 훨씬 나아졌어요. 조너스도 자기 기분을 다른 사람에게 말하는 게 좋을 것 같아요.

유 관장 그런데 조너스는 어떤 사람을 만날지 잘 모르잖아, 가족도 없는 상태로 떠난 거니까. 선생님은 조금 걱정이 되더라고. 만약 용기가 선한 것으로만 사용되어지면 좋은데, 조너스 앞에 너무 힘들고 어려운 일들이 일어나면 어떻게 해결해나갈 수 있을까? 어떻게 용기를 끝까지 낼 수 있을까?

도윤 좋은 사람을 만나서 용기를 잃지 않으려고 계속 노력하는 게 중요해요.

유 관장 아까 도윤이는 조너스처럼 용기 있게 선택을 하기 어려울 것 같다고 했잖아? 지난번 글에도 그렇게 쓴 것 같은데, 만약에 그럼에도 둘 중 하나를 반드시 선택해야만 한다면 어떤 선택을 할 것 같아?

도윤 저는 나갈 것 같아요.

유 관장 동생을 데리고 나갈 거야? 많이 무서운데도?

도윤 네.

유 관장 왜 그렇게 하고 싶은 거야?

도윤 왜냐하면 동생이 나쁜 짓을 한 것도 아닌데 그냥 아기를 죽이는 거니까 화나기도 하고 그래서 데리고 나갈 것 같아요.

유 관장 도윤이가 현실에서 언니랑 싸울 수도 있고 엄마한테 서운할 때도 있잖아. 그럴 때마다 뛰쳐나갈 수도 없는데 그때는 도윤이가 어떤 선택을 할 수 있을까?

도윤 엄마한테는 제가 왜 서운한지 알려드리고 잘못한 것도 말해서 화해하고, 언니랑은 평소 얘기를 많이 하니까 화해를 빨리 할 수 있어요.

부당한 일을 겪으면?

유 관장 이제 보니 도윤이는 아주 좋은 점을 가지고 있구나. 그런데 우리가 살면서 용기가 필요할 때가 많이 있잖아. 도윤이는 학교에서나 친구들과의 관계에서 가끔이라도 부당하다고 느껴질 때는 없었니?

도윤 학교에서 있었던 일인데요, 선생님께서 어떤 애들에게는 쉬운 일만 시키고 어떤 애들에게는 힘든 일만 시킬 때 부당하다고 느껴져요.

유 관장   선생님이 좋아하는 애들하고 싫어하는 애들을 구분해서 청소시킬 때 편애를 하시는 것 같아?

도윤   네.

유 관장   선생님이 부당하다고 느껴질 때 도윤이는 어떻게 했어?

도윤   그냥 말해요.

유 관장   선생님께?

도윤   아이들하고요. 그리고 선생님께도요. 그런데 현실은 바뀌지가 않았어요.

유 관장   아~ 선생님께 말을 했구나. 그런데도 바뀌지가 않았어? 도윤이는 어떤 느낌이 들었어?

도윤   화가 났어요. 따지고 싶었어요.

유 관장   실제로 따지기도 해?

도윤   아니요.

유 관장   그랬구나! 그런데 실제로는 선생님께 따질 수가 없었어?

도윤   네. 선생님께 직접 따지면 혼나니까.

유 관장   그래도 도윤이가 아이들과 이야기를 나누고 선생님께 건의를 했으니, 그것만으로도 용감한 걸. 도윤이는 어떨 때 용기 있는 사람이라고 느껴져?

도윤   다른 사람이 불공평한 대우를 받으면 가서 도와주고 싶어요.

유 관장   예를 들면 어떤 사람? 약자가 강자에게 피해를 당한다든지, 좀 어려움을 당할 때 도윤이가 돕고 싶니?

도윤　네. 제가 용기를 내서 뭔가를 하는 것은 다른 사람을 배려해서만이 아니에요. 저의 미래를 위해서 용기를 낼 때도 있어요.

모든 게 주어져있다면 과연 행복할까?

유 관장　그렇구나. 도윤이는 미래에 어떤 사람이 되고 싶어?

도윤　저는 커서 치과의사가 되고 싶어요. 아픈 사람을 이해하고 치료해주는 의사요.

유 관장　도윤이가 되고 싶은 꿈을 위해서 열심히 뭔가를 하는 것도 용기일까?

도윤　네.

유 관장　도윤이가 생각하는 치과의사가 되면 그건 그냥 도윤이 직업인 거잖아. 도윤이가 어떤 삶을 살고 싶은지가 더 중요한 게 아닐까? 어떤 사람으로 살고 싶어?

도윤　사람들이 저를 생각하면 착하고 자기가 힘들 때 도와주고 이해해주는 따뜻한 사람으로 기억되는 그런 사람이 되고 싶어요.

유 관장　도윤이는 주변 사람들에게 도움이 되는 그런 사람이 되고 싶구나?

도윤　네.

유 관장　그래, 그건 참 용기 있는 일이라고 생각되는데. 앞에서도 물었는데 다시 한 번 물어볼게. 도윤아 용기가 뭘까?

도윤 행동하는 거요. 그런데 생각을 해서 행동하는 거예요.

유 관장 생각과 행동을 같이 했을 때 용기인 거야? 도윤이는 본인이 생각한 것을 다 행동으로 옮겨?

도윤 아니요. 대부분은 실천하려고 노력하고 있어요.

유 관장 그렇지. 선생님은 이렇게 큰 어른인데도 아직 생각한 것을 다 실천하지 못하거든. 그래도 실천하려고 마음먹은 것, 그것도 작은 용기인 것 같아. 그러면 우리 다시 책으로 돌아가보자. 우리 현대인들은 뭐든지 자기가 선택하고 노력해야 해서 머리 아프고 힘들다고 하잖아. 그런데 '모든 게 다 주어져있어서 선택할 필요가 없다면 과연 행복할까?' 하고 이 책은 물어보는 것 같아. 도윤이는 어떻게 생각해?

도윤 제가 만약 다시 태어났는데 모든 게 다 정해져있다면 편할 것 같다고 생각한 적도 있지만, 이번에 「기억 전달자」라는 책을 읽으면서 그게 얼마나 슬픈 일인지 느낄 수 있었어요.

유 관장 그래. 우리가 스스로 뭔가를 선택할 수 있다는 것, 예를 들어 볼 수 있고 만질 수 있고 할 수 있다는 것, 그것 자체로 참 감사한 일인 것 같아.

간단하게 논설문 작성하기

나는 이 책을 읽었을 때 "They have never known pain"이라는 문장이 가장 인상적이었다. 왜냐하면 언뜻 봤을 때 완벽한 사회처럼 보이지만 사실은 고통, 사랑, 슬픔 같은 가장 기본적인 감정도 느낄 수 없는 불쌍한 곳이기 때문이다. 누구도 이 사회에 살아보지 않고 판단하는 것은 사람을 겉모습만 보고 판단하는 것과 같다는 것을 알았다. 그리고 인생을 살아가면서 자기의 과거를 기억하지 못하고 그때의 행복했던 기억을 잃어버린다면 추억이 없어 불쌍하다고 생각하게 되었다.

이제 내 자유로움이 언제나 있는 것이 아니라 소중한 특권이라는 것을 깨달았다.

사람들은 나에게 내가 먼저 나서서 변화를 만들어야 된다고 말한다. 조너스가 하는 것이 보기에 따라서는 당연한 것 같고, 모두 다 그러한 상황이 되면 할 수 있다고 생각할 수 있다. 그러나 실제상황이 되면 앞에 나서기가 힘들고 두려워진다. 만약 내가 조너스였다면 탈출하지 못했을 것이다. 왜냐하면 한 번 그 커뮤니티를 떠나면 다시 돌아올 수 없다는 사실 때문에 용기를 내기 힘들었을 것 같다. 그러나 주인공 조너스처럼 두려워도 용기를 내야만 새로운 세계를 만날 수 있고 자유를 얻을 수 있다는 것을 알았기 때문에 나도 용기 있는 사람으로 살아야겠다.

이제 나는 다른 사람의 의견 때문에 마음이 흔들리는 사람이 아니라 내 생각, 내 감정 그리고 내 뜻에 따라 행동하는 주체적인 사람이 되기로 결심하였다.

사례 2

「요랬다조랬다 할머니」 하브루타 독서
초등학교 4학년 민아와 엄마 이승옥

사전 설문지 작성하기

참여자	민아, 엄마
주제도서	요랬다조랬다 할머니 민아가 선택한 「요랬다조랬다 할머니」는 「독서평설」에 나오는 작품으로 동화작가 엄예현이 지었다.
책 속 내용 파악하기	1 영호가 집에 있는 군자란을 깨뜨렸다. 2 깨진 화분을 버리려고 집을 나가다 같은 아파트에 사는 할머니를 만났다. 할머니는 화분을 깨뜨렸다고 야단치시고 그걸 버린다고 더 크게 화를 내시고는 그 화분을 가지고 가셨다. 3 영호는 할머니가 예전에는 굉장히 친절하시고 좋으셨는데, 오늘은 너무 화를 내셔서 이상하다고 생각했다. 4 영호는 다음 날 학교에서 미술시간에 '싫어하는 사람 그리기'를 하라고 해서 어제 일이 생각나 할머니를 그렸다. 그날 집으로 가다가 그림을 잃어버렸다. 5 엄마가 호박전을 부쳐서 할머니께 가져다 드리고 오라고 해서 할머니 집에 갔다가 깜짝 놀랐다. 똑같이 생긴 할머니가 또 있는 것이었다. 할머니가 쌍둥이인 것을 몰랐다. 그리고 영호가 그린 그림이 할머니 집에 붙어있었다.
중심 단어(9개)	영호, 할머니, 요랬다조랬다, 군자란, 잘난 척, 쌍둥이, 싫어하는 것 그리기, 쩌렁쩌렁, 변덕쟁이
핵심 단어(3개) → 논제로 사용	할머니, 요랬다조랬다, 쌍둥이

책 속 내용으로 좋은 질문 만들기

1	할머니는 왜 자꾸 야단을 치실까?
2	'요랬다조랬다'는 무슨 뜻일까?
3	영호는 할머니를 왜 변덕쟁이라고 생각했을까?
4	할머니는 왜 군자란을 가지고 가서 다시 살리셨을까?
5	'싫어하는 사람 그리기'를 할 때 아이들은 왜 신나했을까?

독서토론 진행하기

엄마　'요랬다조랬다'가 무슨 뜻인지 알아?

민아　글쎄, '이랬다저랬다'랑 같아요?

엄마　의미는 같은 거 같은데 지금 인터넷에서 찾아볼까?

민아　엄마, 내가 찾아볼게요. 어, 여기 있다. '요리하였다가 조리하였다'래요.

엄마　그렇구나. 할머니가 왜 요리하였다 조리하였다 하셨을까?

민아　책을 다 읽고 나니까 할머니가 요랬다조랬다 하신 게 아니고 똑같이 생기신 할머니가 또 있었어요. 쌍둥이!

엄마　그럼 할머니가 두 분이신 거야?

민아　응, 엄마. 화를 잘 내시는 할머니와 화를 잘 안 내시는 할머니는 다른 분이신 거예요.

엄마　영호는 그걸 몰랐구나. 그럼 할머니는 왜 자꾸 화를 내시는 걸까?

민아　가족들이 모두 외국에 가서 살고, 쌍둥이 할머니 두 분만 사시니까 외롭고 심심하고 그래서 그런 것 같아요.

엄마　할머니가 외롭고 심심해서 화를 내신 것 같아?

민아　나도 학교에서 남자애들이 같이 놀고 싶으면서도 심술부릴 때가 있어요.

엄마　그건 나쁜 거 아니야?

민아　그래서 나도 영호처럼 화가 날 때도 있는데, 같이 친하게 지내면 그땐 또 잘해 줘요.

엄마　그럼 처음부터 화를 내지 말고 같이 놀고 싶다고 하는 게 좋지 않을까?

민아　그러면 좋은데 쑥스러우니까 그러나봐요.

할머니는 왜 깨진 화분을 가져갔을까?

엄마　그렇구나. 영호가 깨뜨린 화분을 할머니가 가져가셨잖아. 왜 그랬을까?

민아　어른들은 뭐든 아까워하잖아요. 할머니도 그런 것 같아요.

엄마　그냥 버리기가 아까워서 가지고 가셨을까?

민아　책에서 보면 군자란이라는 화분이 오래되고 깨지기도 해서 버리려고

	한 건데, 할머니는 그 화분이 할머니 같다고 생각하신 것 같아요.
엄마	정말! 그런 내용이 있어?
민아	그런 내용은 없는데요, 내 생각은 할머니도 사람으로 치면 오래되신 거니까 비슷한 느낌을 받았을 것 같아요.
엄마	오, 그렇게 느꼈어?
민아	할머니는 새로 친구를 사귀기도 힘들고 자꾸 슬퍼하시는 것 같았어요.
엄마	할머니는 그 화분이 할머니처럼 느껴져서 다시 살 수 있도록 보살펴 준 것 같아?
민아	네. 그래서 할머니도 누군가가 보살펴드리고 같이 놀아주면 화를 안 내실 것 같아요.
엄마	민아는 만약 우리 아파트에 그렇게 혼자 사시는 할머니가 계시면 친구가 되어줄 수 있어?
민아	친구가 되어주어야 할 것 같아요. 이 책을 읽고 엄마와 대화하기 전에는 그런 생각을 안 했었는데 지금은 그래야 된다고 생각해요.
엄마	민아가 그런 생각을 한다니 기특하고 엄마도 뿌듯하다. 오늘 이렇게 하브루타로 책 읽기를 해보고 어땠어?
민아	처음에는 좀 불편했는데 점점 재미있어졌어요.
엄마	어떤 부분이 제일 재미있었니?
민아	엄마가 자꾸 질문을 하니까 어려운 느낌이 들었는데, 그래도 대답을 하면서 책을 혼자 읽었을 때는 몰랐던 내용을 많이 알게 되었어요.

엄마   엄마도 오늘 좋았어. 민아하고 이렇게 자연스럽게 대화를 하면서 책도 읽고 뭔가 중요한 걸 같이 공유한 것처럼 느껴져서 좋았어. 다음에 또 할까?

민아   또 하고 싶어요.

간단하게 논설문 작성하기

이 책은 초등학교 추천도서 목록에 있어서 읽기 시작했는데, 내가 어릴 때부터 알고 있는 선생님이 쓰신 것이라 더 재미있게 느껴졌다. 엄예현 선생님은 스트레스 푸는 법도 가르쳐주셨는데, 책에서는 아이들이 스트레스를 '내가 싫어하는 사람 그리기'를 하면서 푸는 것 같아서 재미있고 속이 시원하게 느껴졌다. 나도 한번 해보고 싶어졌다.

영호는 할머니가 화를 내시는 것을 이해할 수가 없었다. 왜냐하면 어떤 때는 친절하시다가 또 어떤 때는 크게 잘못한 일도 없는데 갑자기 화를 내시기 때문이다. 그때는 할머니가 쌍둥이라는 걸 몰랐다. 그래서 할머니가 요랬다조랬다 변덕을 부린다고만 생각하고 가능하면 할머니를 만나지 않으려고 피해 다녔다. 영호는 한 번도 할머니가 왜 화를 내실까를 생각해보지 않았고, 그냥 마음대로 판단해버린 것이다. 할머니가 성격이 괴팍하거나 변덕쟁이일 거라고 말이다.

그런데 할머니는 두 분 외에 모든 가족이 외국에 살아서 너무 외로워서 관심 받고 싶어서 그런 것 같다. 화를 내시는 것도, 싫어하는 사람으로 할머니를 그린 그림을 집에 붙여놓고 있었던 것도 사람들의 사랑이 필요해서인 것 같았다. 나도 가끔 외롭거나 답답할 때 벽과 이야기하고 종이에 쓰면서 스트레스를 푼다. 그것처럼 할머니는 화를 내시는 게 외로워서 그랬던 것 같다.

이제부터는 내가 잘못하지도 않았는데 화를 내거나 짜증을 내면 그 사람이 외로운지 생각해봐야겠다. 특히 우리 엄마가 갑자기 화를 내시면 오늘은 엄마가 많이 외로운 것 같다고 생각해야겠다. 그리고 우리 아파트에도 혼자 사시는 할머니가 계시면 잘 해드리고 싶다. 외로워서 화를 내는 일이 없도록 말이다.

민아가 쓴 하브루타 독서토론의 장단점

좋은 점	1 책에 대한 궁금증이 풀렸다. 평소에는 궁금한 점이 있어도 그냥 넘겼는데, 지금은 바로 물어보니까 궁금증이 풀려서 답답하지 않아서 좋았다. 2 엄마가 내 얘기를 들어주는 게 인상 깊고 좋았다. 3 친구들하고도 이렇게 이야기를 하면 재미있을 것 같다.
어려운 점	1 책을 읽는 것이 어렵다. 2 자꾸 질문을 하니까 생각을 많이 해야 하는 게 어려웠다. 3 대답을 잘못 할까봐 걱정되었다.
건의 사항	학교에서도 요즈음에는 모둠 활동을 많이 하는데 비슷한 것 같다. 이렇게 하니까 훨씬 쉽게 궁금증이 풀리는 것 같아서 친구들하고 같이 할 수 있었으면 좋겠다.
진행 후의 느낌 (엄마 생각)	생각하고 말하기가 쉽지 않았다. 특히 의도하지 않고 질문을 계속하려면 기존의 대화 방식에서 벗어나야 한다는 것도 알았다. 하지만 이런 방식으로 계속 책 읽기와 일상적인 대화를 지속한다면 아이들과의 관계 형성에 매우 도움이 될 것 같다. 서로 존중하면서 살아갈 수 있을 것 같다.

사례 3

「두 개의 머리를 가진 아이」 하브루타 독서

초등학교 5학년 원태와 엄마 김민주

*주제도서로 탈무드를 선택하면 하브루타를 가볍게 시작할 수 있다. 탈무드는 다양한 에피소드로 이루어져있고 대화 형식이며 주제가 분명하기 때문이다.

사전 설문지 작성하기

참여자	원태, 엄마
주제도서	두 개의 머리를 가진 아이(「탈무드」 중에서)
책 속 내용 파악하기	한 교수가 민족에 대한 강의를 하던 중 학생들에게 다음과 같은 질문을 던졌다. "만일 두 개의 머리를 가진 이기가 태어났다면, 이 아기를 한 사람으로 세어야 하는가 아니면 두 사람으로 세어야 하는가?" 그러자 한 학생이 손을 들어 말했다. "머리가 둘이라 할지라도 몸이 하나라면 한 사람으로 세어야 합니다." 또 다른 학생이 말했다. "머리 하나를 한 사람으로 세어야 합니다." 이에 교수는 다음과 같은 답을 내렸다. "만약 한쪽 머리에 뜨거운 물을 부었을 때 다른 쪽 머리도 비명을 지른다면 한 사람인 것이고, 다른 쪽 머리가 아무렇지도 않은 표정으로 있다면 이것은 두 사람인 것이다."
중심 단어(8개)	두 개의 머리를 가진 아이, 민족, 한 사람, 두 사람, 몸, 교수, 뜨거운 물, 표정
핵심 단어(3개) → 논제로 사용	두 개의 머리를 가진 아이, 몸, 사람

책 속 내용으로 좋은 질문 만들기

1	몸 하나에 머리가 두 개인 아이는 한 사람일까, 두 사람일까?
2	두 사람을 다 살릴 방법은 없을까?
3	현대의학의 힘은 어디까지 가능할까?
4	모든 생명은 소중한가?
5	사람은 무엇으로 구분할 수 있을까?

독서토론 진행하기

엄마   몸 하나에 머리가 두 개인 아이가 있어. 이 아이는 한 사람일까, 두 사람일까?

원태   몸은 하나이므로 두 사람이 될 수 없어요.

엄마   한쪽을 선택해야 한다면 어느 쪽을 살리지?

원태   나중에 이 사회에 기여할 수 있는 아이를 선택하는 게 좋을 것 같아요.

엄마   누가 이 사회에 기여하는 사람이 될지 지금 알 수 있을까?

원태   유전자 검사를 해서 우성인 사람을 선택하면 되지 않을까요?

엄마   유전자가 우성인 사람이 꼭 이 사회에 더 기여한다고 할 수 있을까?

원태   아무래도 우성이 머리가 똑똑하겠죠.

엄마   똑똑한 사람은 사회를 위해서 더 많은 일을 한다고 믿는 거야?

원태   꼭 그렇지는 않겠지만 확률적으로 보면 그렇지 않을까요?

엄마   좀 씁쓸하네. 두 사람을 다 살릴 방법은 없을까?

원태   과학자에게 물어보면 가르쳐주겠죠. 그 아이의 뇌와 심장이 몇 개인지 알 수 있을 테니까요.

엄마   음, 그것도 좋은 방법이 되겠다. 그런데 뇌와 심장이 두 개라도 몸이 하나밖에 없는데 살 수 있을까?

원태   그건 기다려봐야죠. 현대의학이 많이 발전했으니까 무슨 방법이 있을 거예요.

엄마   현대의학을 믿는구나?

원태   현대의학보다 둘이 같이 다 살았으면 좋겠어요.

엄마   두 머리가 생각하는 것이 다를 수 있고 인간의 주체가 머리라고 생각하니까 두 사람으로 봐야 할까? 아니면 얼굴이 두 개라도 심장이 하나고 하는 행동이 같기 때문에 한 사람으로 봐야 할까?

원태   너무 어려워요. 그래도 나는 생각이 다르면 두 사람인 것 같아요.

엄마   왜 그렇게 생각해?

원태   쌍둥이들은 똑같이 생겼어도 두 사람이잖아요.

엄마   이건 정말 어렵다. 그래도 생명이 소중하다는 사실을 새삼 생각하게 된 것 같다. 그치?

원태   네.

간단하게 논설문 작성하기

「탈무드」는 유대인들이 지혜를 배우는 지혜서라고 배웠다. 나는 「이솝우화」를 통해 「탈무드」에 나오는 이야기를 많이 읽었다. 그런데 유대인들은 상상력이 매우 뛰어난 사람들인 것 같다. 현실에서는 가능하지 않은 일들이 많이 등장한다.

「두 개의 머리를 가진 아이」는 과연 한 사람일까? 두 사람일까? 생각해보았다. 사람은 머리로 생각을 하니까 두 사람이 될 것 같기도 하고, 심장도 하나고 몸도 하나니까 한 사람으로 보아야 할 것 같기도 하다. 고민이 된다.

나의 생각은 이 아이는 한 사람이라고 생각한다. 몸이 하나밖에 없기 때문이다. 이럴 때 누구를 살려야 하느냐가 고민이 많이 된다. 그래서 어른이 되어서 이 사회에 더 많이 기여할 수 있는 쪽을 살렸으면 좋겠다고 생각한다. 다른 쪽 머리를 가진 아이는 살 수 없으니까 그만큼 더 훌륭한 사람이 되었으면 좋겠다. 그런데 어느 쪽이 커서 이 사회에 더 많이 기여할지 구분하기가 어렵다. 나는 그 방법으로 유전자를 검사하여 더 우성인 쪽을 선택해달라고 의사 선생님께 부탁하면 좋을 것 같다.

사실은 나에게 이 문제는 너무 어렵다. 그래서 빨리 의학이 발전해서 둘 다 살릴 수 있는 방법이 생겼으면 한다. 생명이 정말 소중하다는 것을 이번에 알았다.

사례 4

「질문과 대답」 하브루타 독서
초등학교 6학년 수진과 엄마 유병임

사전 설문지 작성하기

참여자	수진, 엄마
주제도서	질문과 대답(「탈무드」 중에서)
책 속 내용 파악하기	스승의 질문과 제자의 대답이 이어진다. "사람의 입은 하나인데 귀는 둘이다. 왜 그런가?" "이야기하는 것보다 더 많이, 잘 들어야 한다는 뜻입니다." "사람의 눈은 흰 부분과 검은 부분으로 이루어져있다. 그런데 왜 검은 부분으로 세상을 보는 것일까?" "그것은 세상을 어두운 면에서 보는 편이 좋기 때문입니다. 밝은 면에서 보면 지나치게 자신에 대해서 낙관적인 사고방식을 갖게 되기 때문에 그로 인해 교만해지지 않도록 경계하기 위함입니다."
중심 단어(7개)	질문, 대답, 입, 귀, 눈, 세상을 보는 눈, 잘 듣기
핵심 단어(3개) → 논제로 사용	질문과 대답, 세상을 보는 눈, 잘 듣기

책 속 내용으로 좋은 질문 만들기

1	입은 왜 하나일까?
2	귀가 두 개 이상이면 어떻게 될까?
3	눈이 두 개여서 좋은 점은 뭘까?
4	사람은 왜 눈의 흰 부분으로 세상을 보지 않고 검은 부분으로 보는 것일까?
5	세상을 많이 접하는 것이 과연 좋은 것일까?

독서토론 진행하기

엄마 입은 왜 하나일까?

수진 입은 먹는 기능도 중요하고, 말하는 기능도 중요해요. 만약 입이 두 개면 많이 먹게 되어 살이 찔 것 같아요. 또 어떤 친구에게 한 입은 좋은 말을 해주는데 다른 입이 나쁜 말을 하면 혼란이 생겨서 복잡해질 것 같아요.

엄마 아, 그럴 수도 있겠다. 재미있네. 수진이는 말하는 기능과 먹는 기능 중에서 뭐가 더 중요하다고 생각해?

수진 입이 두 개면 많이 먹어서 살이 찔 수도 있지만 먹지 않으면 생명을 유지할 수 없으니까 먹는 기능이 매우 중요해요. 하지만 말하는 기능이 없다면 사람들과 소통하기가 매우 힘들어지니까 말하는 기능도 중요해요.

엄마　그럼 그런 문제를 해결하기 위해 입이 두 개고 눈이 하나면 어떨까?

수진　사람들이 놀릴 것 같아요. 그래서 성형수술을 받는 게 좋을 것 같아요.

엄마　처음부터 사람이 입이 두 개고 눈이 하나라면 이상하게 느끼지 않겠지?

수진　눈은 우리가 삶을 살아가기 위한 인체의 일부잖아요. 눈이 하나면 아름다운 것들을 볼 수 있는 기회가 줄어들지. 입은 먹는 기능도 중요하고 말하는 기능도 중요한데, 입이 두 개면 많이 먹어 살이 찌거나 말을 너무 많이 해서 시끄러워질 것 같아요.

엄마　입도 우리가 살아가는 데 필요한 신체의 일부잖아?

수진　그래도 한쪽 눈이 한쪽 생각이라고 보면, 눈이 두 개여야 어두운 면과 밝은 면을 동시에 볼 수 있지. 만약 눈이 하나면 다양한 측면으로 생각해볼 수 없기 때문에 편협한 사람이 될 수 있어요. 그리고 입은 자신의 주관적인 생각을 얘기할 때 좀 더 신중하게 말하는 게 좋으니까 하나인 게 좋아요. 아유 어렵다.

엄마　그러니까 두 개의 눈으로 세상의 다양한 면을 보고, 입은 자신의 생각을 깊이 있게 생각한 후 말하는 게 좋으니까 하나면 좋다고 생각하니?

수진　네. 일단 눈이 두 개면 보다 더 넓은 시야로 볼 수 있는데, 눈 하나로 보게 되면 세상을 좁은 시야로 볼 것 같아요. 보는 것이 적을수록 사고를 조금 하기 때문에 한쪽 눈으로 보는 세상은 작을 수밖에 없을 것 같아요.

엄마 (눈을 크게 뜨며) 그렇다면 눈이 큰 사람이 작은 사람보다 세상을 더 넓게 볼 수 있을까?

수진 에이~ 엄마, 그건 아니지.

엄마 그래, 엄마도 알아. 기특해서 농담 한번 한 거야. 눈이 하나면 작은 사고밖에 못하고, 두 개면 큰 사고를 할 수 있기 때문이라고 생각하는구나. 그렇다면 입이 하나인 이유는 무엇일까?

수진 두 개의 입이 동시에 말하게 된다면 자신이 무슨 말을 하는지 모르고, 또 자신이 무슨 말을 하는지 인식할 수 없기 때문에 하나여야 해요.

엄마 입이 하나인 다른 이유는 없을까?

수진 입이 두 개면 말을 너무 많이 하게 되어 시끄러울 것 같아요.

엄마 귀가 두 개 이상이면 어떻게 될까?

수진 너무 많이 들어서 스트레스를 받을 것 같아요.

엄마 그래, 그럼 눈이 두 개인 게 좋은 걸로 하고, 눈이 두 개여서 제일 좋은 건 뭘까?

수진 눈이 두 개인 것은 귀가 두 개인 것과 같아요. 다른 사람이 무엇을 하는지 보는 것도 듣는 것만큼 중요하기 때문이 아닐까요, 엄마?

검은 눈동자로 세상을 보는 이유

엄마   정말, 엄마도 동감이야. 그럼 사람은 왜 눈의 흰 부분으로 세상을 보지 않고 검은 부분으로 보는 것일까?

수진   엄마, 과학시간에 배웠는데 검은색은 사물의 모든 색을 흡수하는 성질을, 흰색은 반사하는 성질을 가지고 있대요. 그러니까 검은 눈동자로 세상을 보면서 내 안으로 흡수하기 위해서가 아닐까? 그래서 검은 부분이 흰색 안쪽에 있는 것 같아요. 옆면에 있는 흰자로 세상을 보게 되면 가장 중요한 부분을 못 볼 수도 있는데, 검은색은 눈 중앙에 있으니까 세상 전체를 볼 수 있잖아요.

엄마   오, 그래. 오늘 엄마가 수진에게 많이 배우네. 흰 부분으로 세상을 본다면 어떤 일이 일어날까?

수진   너무 밝지 않을까?

엄마   그렇다면 검은색으로 보는 세상은 어두운 것일까?

수진   아니요. 그건 일단 간단한 실험으로 증명할 수 있어요. 이것도 과학시간에 배운 건데요, 검은 종이 위에 유리판을 올려놓고 들여다보면 자신의 얼굴이 보여요. 하지만 흰 종이 위에 올려놓고 보면 보이지 않아요. 결론적으로, 동공이 검은색이어야만 세상을 잘 볼 수 있다는 거예요.

엄마   과학이 정말 중요하다. 미래의 아인슈타인 같았어.

수진   흰색 종이는 다른 색에 물들기 쉽대요. 그러나 반대로 검은색 종이는 다른 색이 칠해져도 검은색을 유지할 수 있다고 했어요. 그러니까 사람도 마찬가지로 어려움과 시련 속에서도 검은 눈동자로 세상을 본다면, 쉽게 흔들리지 않고 평정심을 유지할 수 있을 것 같아요.

엄마 완전 감동인데. 그런데 세상을 많이 접하는 것이 과연 좋은 일일까?

수진 좋은 것을 많이 보는 것도 좋지만, 안 좋은 것들도 많이 보는 것이 좋아요. 많은 것을 접하고 나면 나중에 역경에 처했을 때 그때의 경험을 통해 극복할 수 있어요.

엄마 딸, 그만 하산해. 너무 똑똑해!

간단하게 논설문 작성하기

「탈무드」에 나오는 「질문과 대답」이라는 에피소드를 가지고 엄마와 함께 유대인의 토론법인 하브루타를 해보았다. 처음으로 경험해보는 것이라서 힘들 줄 알았는데 재미있었다.

이 이야기는 다음과 같은 질문에 랍비와 제자가 답을 하는 형식으로 진행되는 대화체 이야기다.

질문 "사람의 입은 하나인데 귀는 둘이다. 왜 그렇겠는가?"
대답 "이야기하는 것보다 더 많이, 잘 들어야 한다는 뜻입니다."
질문 "사람의 눈은 흰 부분과 검은 부분으로 이루어져있다. 그런데 왜 검은 부분으로 세상을 보는 것일까?"
대답 "그것은 세상을 어두운 면에서 보는 편이 좋기 때문입니다. 밝은 면에서 보면 지나치게 자신에 대해서 낙관적인 사고방식을 갖게 되기 때문에 그로 인해 교만해지지 않도록 경계하기 위함입니다."

나는 입은 하나인데 귀가 두 개인 이유는, 말은 많이 하지 말고 다른 사람의 말을 잘 들으라는 뜻이 아닐까 생각했다. 그리고 눈의 검은 부분으로 세상을 보는 것은 검은색이 눈 중앙에 있어 세상 전체를 볼 수 있기 때문이라고 생각한다. 이 이야기를 통해서 좋은 것을 많이 보는 것도 좋지만, 안 좋은 것들도 많이 보는 것이 도움이 된다는 것을 알았다. 많은 것을 보아야 다양한 경험을 하게 되어, 나중에 어려운 일이 생겨도 그때의 경험을 통해 극복할 수 있다고 생각한다. 또한 눈이 두 개인 이유는 세상의 다양한 측면을 본 뒤 그것들의 균형을 맞추기 위해서다. 입이 하나인 이유는 말을 아껴야 하기 때문이다. 왜냐하면 말 한마디가 세상을 바꿀 수 있으므로, 좀 더 신중하게 자신의 의견을 말하는 것이 중요하기 때문이다.

····

"입은 먹는 기능도 중요하고 말하는 기능도 중요한데,
입이 두 개면 많이 먹어 살이 찌거나
말을 너무 많이 해서 시끄러워질 것 같아요."

사례 5

「부자와 현인」 하브루타 독서
초등학교 6학년 세현과 엄마 이영숙

사전 설문지 작성하기

참여자	세현, 엄마
주제도서	부자와 현인(「탈무드」 중에서)
책 속 내용 파악하기	스승과 제자의 대화이다. "부자와 현인 중 어느 쪽이 위대합니까?" "그야 말할 것도 없이 현인 쪽이지?" "그렇다면 왜 부자의 집에는 학자나 현인들이 드나드는데, 현인의 집에는 부호가 드나들지 않는 건가요?" "현인은 영리해서 돈이 필요하다는 것을 잘 알고 있다. 그러나 부자는 현인으로부터 지혜를 배워야 한다는 것을 모르기 때문이다."
중심 단어(5개)	부자, 현인, 학자, 현명함, 지혜
핵심 단어(2개) → 논제로 사용	부자와 현인, 지혜

책 속 내용으로 좋은 질문 만들기

1	부자가 뭔지 아니?
2	현인은 어떤 사람일까?
3	부자와 현인 중 누가 더 위대할까?
4	너는 부자가 되고 싶니? 현인이 되고 싶니?
5	어떤 기부가 좋은 기부일까?

독서토론 진행하기

엄마　세현아, 부자가 무슨 뜻인지 알아?

세현　돈을 많이 가진 사람이요.

엄마　현인은 어떤 사람일까?

세현　똑똑한 사람이요.

엄마　그렇다면 부자와 현인 중 누가 더 나은 사람이라고 생각해?

세현　돈 많고 똑똑한 사람?

엄마　하하하, 그게 가능할까?

세현　모르겠어요. 아, 빌 게이츠는 돈도 많이 벌고 기부도 많이 한다고 방송에서 봤어요. 그런 사람이 아닐까요?

엄마　기부를 많이 하면 현인일까?

세현	그래도 누군가를 도와주려는 사람은 마음이 착한 사람인 것 같아요.
엄마	마음이 착한 사람이 현인일까? 우리 사전 한번 찾아볼까?
세현	내가 찾을게요. 찾았어요. '어질고 총명하여 성인에 다음가는 사람'이라고 나왔어요.
엄마	아이구! 어렵다, 그치. 세현이는 부자가 되고 싶니? 현인이 되고 싶니?
세현	부자요.
엄마	왜 부자가 되고 싶어?
세현	현인이 되는 것은 너무 어려운 일 같아서요.
엄마	부자 되기는 쉬울까?
세현	그것도 물론 어렵겠지만 노력을 많이 하면 되죠.
엄마	그래, 아들, 기대할게. 그럼 부자와 현인 중 누가 더 위대하다고 생각해?
세현	현인이요.
엄마	세현이가 생각하는 현인이란 어떤 사람이야?
세현	똑똑한 사람이요.
엄마	똑똑한 사람은 지식이 많은 사람일까? 지혜가 많은 사람일까?
세현	지혜가 많은 사람이요.
엄마	지혜와 지식의 차이에 대해서 말해볼까?
세현	지혜가 많은 사람은 문제가 생겼을 때 올바르게 해결할 수 있는 사

람이고, 지식이 많은 사람은 정보가 많은 사람이라고 생각해요.

현인도 부자가 될 수 있을까?

엄마   현인이 더 위대하다고 했는데, 다시 한 번 물어볼게. 부자는 어떤 사람이야?

세현   집안이 부유하고 돈이 많은 사람이요.

엄마   그렇다면 부자는 지혜가 없는 사람인가?

세현   지혜가 없다고는 볼 수 없어요. 왜냐하면 지혜가 있어야 돈을 벌 수 있으니까요.

엄마   그럼에도 돈 많은 사람보다 지혜가 많은 사람이 현명하다고 보는 거야?

세현   네. 왜냐하면 돈이 많으면 이기적이 될 수 있고, 돈만 중요시 여기며 인생을 헛되게 살 수 있으니까요.

엄마   현인은 어떻게 돈을 벌 수 있을까? 현재의 자본주의 사회에서 생활하기 위해서는 돈이 필수잖아. 그럼 돈을 벌어야 하잖아?

세현   여러 가지 지식을 알려주거나 문제해결 방법을 알려줄 수 있을 것 같아요.

엄마   그럼 현인은 어떤 직업을 가질 수 있을까?

세현   탐정, 교수, 유명 학원 강사 같은 걸 하면 될 것 같아요.

엄마 그러면 현인도 부자가 될 수 있는 거 아니야?

세현 그건 어려울 것 같아요.

엄마 왜 그렇게 생각해?

세현 배우면 현인이 될 수 있으나, 배운 것을 가지고 부자가 되기는 어려우니까요.

엄마 그럼 지금은 고인이 되었지만, 스티브 잡스는 처음부터 부자는 아니었는데 노력해서 부자가 된 거 아니야?

세현 그렇지만 부자라고 다 현인은 아니라고 생각해요.

엄마 아인슈타인은 공부 못하는 아이였으나 노벨상을 탄 과학자가 되었어. 그것처럼 스티브 잡스도 처음부터 부자는 아니었고, 노력을 통해 돈을 벌어서 부자가 된 거라고 생각하는데 어떻게 생각해?

세현 처음에는 현인이 되었다가 부자가 된 거예요.

엄마 그럼 이건 어떻게 생각해? 태어날 때부터 부자로 태어난, 일명 재벌의 자손들이 있잖아. 이미 부자인데 현인이 될 수 있을까?

세현 부모로부터 물려받은 것을 잘 지키고 유지하는 것은 어려우므로 현인이 될 수도 있다고 생각해요. 나는 현인의 지혜가 있어야 재산을 지킬 수 있다고 생각해요.

엄마 재산을 잘 지키면 현인이 되는 거야?

세현 나쁜 짓 안하고요.

엄마 그럼 세현이는 부자와 현인의 무게중심이 같다고 생각해?

세현 아니요. 부자가 되려면 지혜가 바탕이 되어야 해요. 부자는 현인 +

돈이기 때문에 현인보다 부자가 더 위대한 거라고 생각해요. 좋은 부자는요.

엄마   나쁜 부자가 있어?

세현   다른 사람을 힘들게 하거나 법을 어기는 부자는 나쁘다고 생각해요.

엄마   그렇구나. 우리 기부에 대해서도 이야기해볼까?

세현   네. 좋아요.

부자들의 기부는 진정한 기부일까?

엄마   엄마는 기부라는 게 단순히 돈으로 하는 것 외에도 재능이나 아이디어, 봉사 등 다양하다고 생각해. 그렇지만 흔히들 돈을 많이 내면 기부를 많이 한다고 생각하잖아. 흔히 재벌들이 원치 않으면서도 남들의 이목을 생각해서 거액을 기부하기도 하는데, 이런 것을 진정한 기부라고 할 수 있을까?

세현   다양한 방법이 있다고 생각해요. 다만, 돈으로 기부하면 기부를 받은 사람이 조금 더 편리하게 사용할 수 있을 것 같기는 해요. 재능기부는 제한된 분야에서 사용할 수 있어서 한정적일 수 있지만, 그것을 원하는 사람들에게는 도움이 되니까 좋을 것 같아요. 그리고 나는 재벌들이 억지로 기부하는 것도 나쁘다고 생각하지 않아요. 안 하는 것보다는 나으니까요.

엄마   그래, 누군가를 도울 수 있다는 것 자체가 좋은 것 같다. 오늘 어땠어?

세현   부자도 현인도 참 힘들 것 같아요.

간단하게 논설문 작성하기

「탈무드」에 나오는 「부자와 현인」을 오래전에 읽었을 때 랍비의 대답처럼 당연히 현인이 더 훌륭한 사람이라고 생각하였다. 그러나 오늘 하브루타를 하면서 돈을 많이 벌어 부자가 되는 것도 매우 힘들겠다고 느꼈다. 현인이 공부를 해서 지혜를 얻는 것만큼 돈을 버는 것도 어려울 것이다.

나는 인물들의 이야기책에서 미국에서 투자를 잘해 돈을 많이 벌어 부자가 된 워런 버핏의 이야기를 읽은 적이 있다. 워런 버핏의 현명함은 그의 독특한 생활태도에서도 나타난다고 하였다. 세계 2위의 거부이지만, 버핏의 생활방식은 전형적인 부자들의 생활 모습과 달랐다. 버핏은 운전사나 경호원을 데리고 다니지 않으며, 2001년식 중고차를 손수 운전해서 다닌다. 이렇게 검소하게 살면서 모은 어마어마한 재산의 대부분을 자선단체에 기부하고, 자식들에게는 '많은 돈은 자식을 망친다'라는 확고한 신념하에 재산을 물려주지 않을 것이라고 했다. 나는 아직 어려서 그게 가장 좋은 방법인지는 모르겠다. 그러나 돈을 많이 버는 것도 중요하지만, 사회를 위해서 도움이 되는 것이 좋은 것이라는 생각이 든다.

오늘의 주제 '부자와 현인'을 통해서 생각하게 되었다. 나는 부자와 현인 중 어떤 사람이 되더라도 사람들에게 도움이 되고 싶다.

· · · ·

"부자가 되는 것은 지혜가 바탕이 되어야 해요.
부자는 현인 + 돈이기 때문에
현인보다 부자가 더 위대한 거라고 생각해요.
좋은 부자는요."

사례 6

「복수와 미움」 하브루타 독서
초등학교 5학년 민지와 엄마 이현순

사전 설문지 작성하기

참여자	민지, 엄마
주제도서	복수와 미움(「탈무드」 중에서)
책 속 내용 파악하기	한 남자가 이웃집 사나이에게 말했다. "솥을 좀 빌려주세요." 그러나 사나이는 안 된다면서 거절했다. 얼마 후 거절했던 사나이가 찾아와 말했다. "말을 좀 빌려주시오." 남자는 이렇게 대답했다. "당신이 솥을 빌려주지 않았으니 나도 말을 빌려줄 수 없소." 이것은 복수다. 한 남자가 상대방 사나이에게 말했다. "솥을 좀 빌려주세요." 사나이는 안 된다며 거절했다. 얼마 후 거절했던 사나이가 찾아와 말했다. "말을 좀 빌려주시오." 남자는 이렇게 대답했다. "당신은 솥을 빌려주지 않았지만, 나는 당신에게 말을 빌려주겠소." 이것은 미움이다.
중심 단어(6개)	복수, 미움, 이웃집 사나이, 거절, 말, 솥
핵심 단어(3개) → 논제로 사용	복수, 미움, 거절

책 속 내용으로 좋은 질문 만들기

1	복수가 뭘까?
2	말을 빌려주었는데 왜 미움이라고 했을까?
3	이웃집 남자는 왜 솥을 안 빌려줬을까?
4	복수와 미움의 차이는 뭘까?
5	복수는 꼭 사람에게만 생기는 감정일까?

독서토론 진행하기

엄마   지금 읽은 내용에 대해 잠깐 말해볼까?

민지   복수는 너도 안 빌려주었으니 나도 못 빌려주겠다는 거니까 알겠는데, 미움은 좀 어려운 것 같아.

엄마   민지, 언니하고 싸워서 말 안하고 그럴 때 어떤 마음이야?

민지   미워.

엄마   언니가 왜 미워?

민지   언니가 내 말을 안 들어주니까.

엄마   언니가 네 말을 안 들어줬구나.

민지   응. 그렇게 중요한 건 아니었어. 지금은 생각도 안 나요.

엄마   중요한 것도 아닌데 언니하고 말도 안 하는 건 복수하는 것 아닐까?

민지 그렇지는 않은데 조금 심술이 난 거야.

엄마 복수와 미움의 차이는 뭘까?

민지 복수는 정말 그 사람이 싫은 거고, 미움은 보고 싶기는 한데 조금 얄미운 것 같기도 하고, 잘 모르겠어.

엄마 사전을 찾아보면 복수는 설욕, 보복, 앙갚음이라고 나와. 민지는 누구에게 복수하고 싶을 만한 일이 있었어?

민지 아직은 나한테 그렇게 나쁘게 한 사람은 없었어.

엄마 꼭 사람에게만 복수하고 싶을까?

민지 사람 말고도 있지.

엄마 그게 뭐야?

민지 내가 학교에서 동아리 활동을 정말 열심히 했잖아. 그런데 평가가 너무 안 좋게 나왔어. 어른들이나 학원 같은 곳의 도움을 전혀 안 받고 우리끼리 했는데, 결과가 그렇게 나오니까 복수하고 싶어졌어.

엄마 그런데 꼭 점수가 좋게 나와야 되는 거야? 엄마가 좀 철없는 소리 같기는 한데 열심히 한 걸로는 만족이 안 되는 거야?

민지 그게 화가 나.

엄마 화가 난 대상이 누구야? 평가한 선생님이야? 그냥 너희끼리 해보라고 부추긴 엄마야? 무서운 걸.(웃음)

민지 아니야, 엄마. 그렇게까지는 아닌데 우리끼리 멋지게 하고 싶었는데 아직은 도움이 조금 필요한 것 같아.

엄마 언제든 도움이 필요하면 말해줘.

복수와 미움의 차이

엄마   다시 탈무드 이야기를 해볼까? 이웃집 남자는 왜 솥을 안 빌려줬을까?

민지   아까워서 그랬을 것 같아. 나도 언니가 뭐 빌려달라고 했을 때 내가 아끼는 것은 안 빌려주니까.

엄마   그럼 왜 말을 빌려달라고 했을까?

민지   그건 자기가 안 빌려준 걸 미처 생각하지 못해서 그래. 나도 언니한테 내 것 안 빌려주고, 언니 것은 빌려달라고 하니까. 히히.

엄마   언니가 많이 서운했겠네. 그치?

민지   그러니까 다음에는 내 것도 빌려주고, 언니한테 빌려달라고 해야겠어. 「탈무드」에 나오는 이웃집 남자도 다음부터는 자신도 언젠가 다른 사람에게 도움을 받을 수 있으니까 자기도 다른 사람을 도우면서 살아야 해.

엄마   그래. 결국 빌려주고 빌려오는 물건 때문이 아니라 마음이 문제인 것 같아. '말 한마디로 천 냥 빚 갚는다'는 속담이 있는데 무슨 뜻인지 알아?

민지   응. 책에서 봤어. 말을 예쁘게 하면 좋은 일이 생긴다고 했어. 그래서 늘 좋은 말을 쓰고 나쁜 말은 하지 말아야 한다고 했어.

엄마   「복수와 미움」에서 왜 빌려주는 데도 미움이라고 했을까? 생각해봤어?

민지   말을 빌려주면서 너는 안 빌려주었지만 나는 빌려준다고 말했어. 빌려주면서도 좋은 마음으로 빌려주지 않으면 그것도 미움이라고 생각하나봐. 도움을 줄 때는 자신의 마음속에 서운한 마음 없이 즐거운 마음으로 빌려줘야 진짜라고 생각하니까.

엄마　그렇구나.

간단하게 논설문 작성하기

　나는 가끔 언니하고 특별한 이유 없이 싸우기도 한다. 오늘 토론한 「복수와 미움」은 나에게 마음이 중요하다는 것을 알게 해주었다. 다른 사람을 도와주고 싶지 않으면서 억지로 도와주거나 너보다는 내가 조금 좋은 사람이라고 생각하면서 누군가를 돕는다면 그건 위선이고 미움이라고 느꼈다. 가끔 나도 언니와 다투고 엄마에게 야단을 맞을 때가 있다. 그러면 말을 안 한다. 그건 가족 간의 단절이고 미움보다 더한 복수를 하는 것이라는 걸 이번에 알았다.
　마음은 사람 속에 들어있는 것이니까 그 마음의 주인이 잘 가꾸어야 한다. 그래야 마음도 예뻐져서 다른 사람을 진심으로 존중하고 사랑하게 된다. 저 사람이 나한테 잘못한 것보다 내가 내 마음을 더 아끼고 사랑해주면, 내 마음은 다른 사람을 더 사랑하게 되리라고 믿는다.

····

"이웃집 남자는 왜 솥을 안 빌려줬을까?"
"아까워서 그랬을 것 같아.
나도 언니가 뭐 빌려달라고 했을 때
내가 아끼는 것은 안 빌려주니까."

사례 7

「동물농장」 하브루타 독서
중학교 1학년 민서와 엄마 김한나

사전 설문지 작성하기

참여자	민서, 엄마
주제도서	동물농장(조지 오웰 지음, 열린책들)
책 속 내용 파악하기	세계적인 장편소설로 제2차 세계대전이 끝난 8월 17일에 처음 출판되었다. 독재자와 사회주의 사회의 문제를 신랄하게 비판하고 풍자한다. 한 농장에서 인간에게 억압받고 착취당하던 동물들이 유토피아를 꿈꾸며 혁명을 일으켜 인간을 내쫓고 계급 없는 사회를 만든다. 그러나 점차 그들 사이에 권력 투쟁이 일어나고, 승리한 돼지들은 옷을 입고 침대에서 자고 두 다리로 걷고 술을 마신다. 여기서 인간과 동물, 동물 중에서도 지배층인 돼지들, 독재자 나폴레옹 등은 당시의 현실 정치인을 가리키고 있어 또 다른 재미를 준다. 우화 형식을 띤 이 책은 소비에트 체제라는, 한 시대의 권력 체제에 대한 역사적 정치 풍자를 넘어 독재 일반에 대한 우의적 정치 풍자를 담고 있다. 볼셰비키 혁명 이후 스탈린 시대까지의 소련 정치 상황을 소재로 했다.
중심 단어(10개)	부당함, 혁명, 풍자, 사회주의, 공산주의, 스탈린, 꿈, 변질, 권력, 체제의 유지
핵심 단어(5개) → 논제로 사용	혁명, 꿈, 아름다움, 변질, 권력

책 속 내용으로 좋은 질문 만들기

1	혁명이란 무엇일까?
2	「동물농장」에서 풍자한 러시아 혁명과 그 후 상황은?
3	책 속에서 말하는 '인간(생산하지 않으며 소비만 하는)'은 누구를 가리키는가?
4	혁명이 끝까지 아름답지 못하고 변질되는 이유는?
5	이기심은 인간의 본성인가? 그것은 악인가 선인가?

독서토론 진행하기

엄마   이번 주에 읽은 책이 뭐야? 엄마한테 소개 좀 해줄래?

민서   「동물농장」이라는 책을 읽었어. 엄마도 이 책 알아?

엄마   조지 오웰 작품을 말하는구나. 그런데 읽은 지 하도 오래되어 기억이 잘 안 나네. 민서가 엄마한테 소개해주면 어떨까?

민서   러시아 혁명 알지? 「동물농장」은 러시아 혁명과 그 후의 상황을 풍자한 작품이야.

엄마   아, 기억났다. 호랑이를 쫓아냈더니 여우가 더 심한 왕 노릇을 하더라는 얘기지?

민서   그렇게 표현할 수도 있구나.(웃음)

엄마　그런데 작가는 왜 책 제목을 「동물농장」이라고 했을까?

민서　음……, 실명으로 표기하는 것보다 돌려 말함으로써 사람들에게 더 생각할 거리를 주려는 건 아닐까? 또 혹시 모를 비난도 피할 수 있지 않았을까 싶고.

엄마　그럴 수도 있겠다. 민서는 책을 읽고 어떤 생각이 들었니?

민서　슬펐어.

엄마　슬펐어? 이유가 뭘까?

민서　책 속의 동물들은 인간의 사악함에 질려서 인간을 몰아내려고 모두 합심해 혁명을 일으켰단 말이야. 그러면 그들의 세상이 되었을 때는 모든 동물이 행복했어야 하는 거잖아.

엄마　그렇지. 그들은 행복하지 않았어?

민서　응. 혁명을 승리로 이끈 돼지 나폴레옹은 권력을 쟁취한 뒤 권력에 흠뻑 취해서는 자신의 욕망대로만 하고 반대하는 세력을 다 몰살시켜버려. 동물들은 동물답게 행복하게 살고 싶어 혁명을 일으킨 건데, 결국에는 불행을 또 온몸으로 겪는 모습이 슬펐어. 그냥 다 행복하게 나누고 도우며 살면 되지 않을까? 서로 똑같이 나눠 가지고 똑같이 일하고 그러면 동물들은 행복하지 않았을까?

엄마　그 문제를 인간 세계로 가지고 오면 어떻게 될까?

민서　응? 무슨 말이에요?

엄마　만약에 말이야. 민서 말대로 우리가 사는 세상에서 사람들한테 "똑같이 일하고, 똑같이 나누고, 똑같이 행복합시다!" 하고 말했을 때 어떤 일들이 벌어질까?

민서 　글쎄…….

이기심은 악한 것일까?

엄마 　민서도 맛있는 게 있을 때는 동생에게 "난 오빠고 너보다 크니까 좀 더 먹어야 해." 하잖아. 그건 어떻게 생각해?

민서 　진짜로 내가 더 많이 먹잖아. 지아는 조금 먹고. 똑같이 나누는 건 불공평하지.

엄마 　거봐, 그런데 그건 네 생각일 뿐 지아는 또 생각이 다를 수 있잖아? 결국 똑같이 나눈다는 건 불가능한 것 아닐까?

민서 　그래도 나폴레옹처럼 다른 이들이 피 흘려 이뤄낸 혁명을 혼자 독식하고 권력을 마음대로 휘두르려는 건 옳지 않잖아. 그건 너무 이기적이야. 이기적인 건 정말 악한 것 같아.

엄마 　인간의 이기심이 악하다? 세상에 이기적이지 않은 인간이 과연 있을까?

민서 　듣고 보니 인간은 조금씩 다 이기적인 것 같기도 해.

엄마 　이 문제에 관해 아주 먼 옛날에 멋진 생각을 하신 분이 계신데 말이야.

민서 　한비자 얘기하려고 그러지? 전에 얼핏 들은 것 같은데.

엄마   맞아. 그분의 글을 읽고 엄마가 무릎을 친 적이 있다고 했지? 인간은 이기심을 가지고 태어나. 만약 그 이기심이 없었다면 인류가 지금껏 존재하지 못했을지도 모른다는 생각이 들어. 강하지 않은 인간이 지금껏 살아남은 건 자신을 지키려는 이기심 때문인지도 몰라. 그렇다면 그건 본성일 거야. 하지만 본성대로 살아간다면 그건 짐승과도 다를 바가 없겠지. 그래서 한비자가 말씀하셨지? 이기심은 나쁜 것도 좋은 것도 아냐. 그저 이기심 그 자체일 뿐이지. 인간이 사회생활을 아름답게 영위하기 위해선 이 이기심을 누를 필요가 있어. 그걸 법으로 통제해야 안전한 사회 속에서 삶을 영위할 수 있지. 동물들이 그걸 잘 지켜내지 못해 나폴레옹에게 휘둘렸나보다. 그치?

민서   혁명은 아름답다는 생각이 들어. 사실 많은 사람의 염원을 담아 세상을 바꾸고 싶은 게 혁명이니까. 하지만 혁명이 아름답게 시작했어도 아름답게 마무리되는 경우는 역사 속에서도 보질 못한 것 같아.

역사 속 혁명을 돌아보다

엄마   민서가 알고 있는 역사 속 혁명에는 뭐가 있을까?

민서   일단 캄보디아의 '크메르루즈'. 정말 그들이 사람일까 싶게 정권을 잡은 후 수많은 사람을 학살했어. 또 전에 뉴스에서 아프리카의 독재자들이 나왔는데, 세상에 하나같이 그들이 독립투사였다는 거야. 나라를 목숨 걸고 지켜내려 한 사람들이 나라를 그렇게 엉망으로 만들어놓다니.

엄마 　슬프다. 그치? 그러고 보면 우리나라는 정말 대단하다. 일제강점기와 한국전쟁, 독재를 이겨내고 이렇게 멋진 나라를 꾸려왔으니 말이야. 가까운 중국과 북한도 살펴볼까? 중국은 마오쩌둥이라는 영웅이 있었지. 국민당의 부패로부터 중국 인민들의 삶을 지켜내겠다고 공산당 혁명을 일으켜 승리했어. 그러나 그가 벌인 '대약진운동'과 '문화대혁명'은 두고두고 슬픈 역사로 기록되고 있지.

민서 　엄마, 인간은 누구나 이기심이 있다고 하지만 그래도 권력자들은 그 마음을 내려놓을 줄 알아야 할 것 같아.

엄마 　권력자가 자신이 이기적인지 모르고 계속해서 나라를 위해 일하는 거라 착각하며 자리에서 내려오지 않는다면 어떻게 해야 할까?

민서 　그래서 시스템이 중요한 것 같아. 그런 독재가 불가능하게 법을 잘 꾸려야 해.

엄마 　법을 바꾸면서까지 그 권력을 유지하려 한다면?

민서 　국민이 깨어있어야겠지. 그러니까 우리가 이렇게 공부하는 거 아냐?

엄마 　그렇지. 아들이 갈수록 똑똑해지는데.

민서 　히히히. 이제 머릿속에 정리가 좀 된 것 같아. 엄마랑 책 읽고 대화하면 기분이 좋아진다니까!

엄마 　언제든 이런 대화 환영입니다. 아드님!

간단하게 논설문 작성하기

"혁명은 끝까지 아름다울 수 없는가."

『동물농장』은 1945년 조지 오웰이 당시 러시아 혁명과 그 이후 스탈린의 잔인한 통치체제를 풍자한 작품이다. 하지만 작품 내용에 관해 함께 토론하고 생각을 종합해보니 그저 러시아의 상황만을 담은 작품이 아니라는 것을 알았다. 『동물농장』은 전 세계에서 벌어진 수많은 혁명들이 결과론적으로 아름답지 못하게 끝난 아픔을 이야기해주는 것 같았다.

『동물농장』에서 동물들은 존스의 농장에서 행복이나 자유에 대해 알지 못하고 매일매일 좋지 않은 환경에서 일하며 살아간다. 그들이 생산하는 것은 인간들이 모두 가져간다. 이때 죽을 날이 얼마 남지 않은 늙은 수퇘지 메이저는 동물들에게 "반란을 일으켜라, 반란을!"이라고 말한다. 얼마 후 동물들은 존스를 상대로 크게 반란을 일으키고 대성공을 거둔다. 그러나 기쁜 상황은 잠시, 권력자가 된 나폴레옹은 자신과 대립하는 스노볼을 몰아내고 잔인한 독재자가 된다. 존스 때보다 더욱더 비참하고 참혹하게 동물들에게 일을 시키고, 자신과 대립하는 동물들을 학살한다.

『동물농장』의 동물들은 자신들 모두의 행복을 위해 혁명을 일으켰지만, 독재자 나폴레옹에 의해 인간 존스가 주인으로 있을 때보다 더욱더 비참하게 살아가게 되었다. 슬프게도 세계 역사 속의 혁명들은 러시아 혁명뿐만 아니라 대부분의 혁명이 슬픈 결말을 맞았다. 몇 가지 예를 들어보면, 먼저 캄보디아의 '크메르크루즈'가 있다. 캄보디아 국민을 위해 군사 쿠데타로 정권을 장악한 세력에 맞서 싸워 승리를 거두지만, 그들이 통치한 4년여 기간 동안 전 국민의 4분의 1이 학살당할 정도로 잔인함과 무자비한 보복을 했다. 다음으로 현재 아프리카의 수많은 독재자들을 예로 들 수 있겠다. 사실 그들 중 대부분은 제국주의 당시 자신의 나라를 위해 독립운동을 전개했던 사람들이다. 그러나 독립 후 권력에 심취한 나머지 부패의 상징으로 변질되었다. 중국의 마오쩌둥은 어떠한가? 부르주아만을 위한 정부였던 중국 국민당에게 "인민을 위해!"라고 외치며 맞서 싸워 대성공을 거두지만, 본인의 황제와 같은 권력을 위하여 '대약진 운동'과 '문화대혁명' 같은 역사의 과오를 남기는 만행을 저질렀다. 북한도 마찬가지다. 모든 인민이 배불리 먹고 잘살 수 있도록 하겠다던 그들은 현재 자신들의 권력 유지에만 혈안이 되어 인민의 굶주림은 돌보지 않고 있다.

그렇다면 왜 아름다운 목적을 가지고 일어난 혁명은 대개 독재의 횡포로 변질되는가? 혁명은 끝까지 아름다울 수 없는 것일까?

아마도 힘들 것이다. 인간은 누구나 권력을 원하고 모두가 이기적인 존재이기 때문이다. 자신의 혁명이 아닌 국민의 혁명이라는 것을 기억하지 못하고 변절해버리고 만다. 혁명이 끝까지 아름답기 위해서는 권력을 내려놓을 줄 아는 용기가 필요하다. 그러한 용기를 키우는 것이 우리가 해야 할 일이다.

민서가 쓴 하브루타 독서토론의 장단점

좋은 점	1 같은 책을 읽고도 각자의 해석이 다를 수 있다. 토론을 통해 다른 의견을 듣고 내 생각을 키울 수 있는 좋은 기회가 된다. 2 열린 생각, 열린 마음을 지닐 수 있다. 받아들임, 인정, 소통 미학을 배울 수 있다. 3 부모님과의 대화를 통해 그분들의 정신세계를 엿볼 수 있어서 좋다. 함께 눈높이를 맞춰 대화를 나눈다는 그 자체만으로도 참 기쁘다. 대화를 오래 나누다보니 관계가 더 좋아지는 것 같다. 4 학교에서 발표력도 더 좋아질 것 같다.
어려운 점	1 각자 읽고 싶은 책이 다양할 수 있고 받아들이는 난이도가 다를 수 있다. 경험치가 다르기 때문에 부모님에게는 감동을 주는 책이 우리에게는 그저 감흥 없는 글자처럼 느껴질 때도 있다. 2 책을 완전히 이해하지 않고 대충 본다면 다른 가족에게 아쉬움을 줄 수 있다. 대화에 참여하지 못함은 물론이다. 3 아무리 내가 옳다는 생각이 들어도 절대 고집을 피워서는 안 된다. 4 결론을 내려 하지 말고 계속 의문을 찾아 질문을 연결해야 하는 것이 어렵게 느껴지기도 한다.
건의 사항	함께 의견을 나눌 만한 도서 목록을 안내해주면 어떨까 싶다. 또한 책을 읽어도 무슨 주제로 어떻게 의견을 나눠야 할지 모르는 가정을 위해 아이들 연령과 부모님에 맞춰 주제나 질문 등을 예시로 안내해준다면 더욱 알찬 하브루타 시간이 되지 않을까 생각해본다.
진행 후의 느낌	평소 부모님과 나의 생각에 관해 진지하게 의견을 나눌 일은 거의 없었다. 이번에 하브루타 독서토론을 해보며 '부모님도 이런 생각을 하셨구나!' 놀랍기도 하고 신기하기도 했다. 내 생각과 같은 의견을 말씀하시면 나도 모르게 좋아서 박수를 치기도 하고 행복하게 웃기도 했다. 앞으로도 꾸준히 가족들과 이렇게 토론을 해나갈 것이다.

‥‥

"권력자가 자신이 이기적인지 모르고
계속해서 나라를 위해 일하는 거라 착각하며
자리에서 내려오지 않는다면 어떻게 해야 할까?"
"그래서 시스템이 중요한 것 같아.
그런 독재가 불가능하게 법을 잘 꾸려야 해요."
"법을 바꾸면서까지 그 권력을 유지하려 한다면?"
"국민이 깨어있어야겠지.
그러니까 우리가 이렇게 공부하는 거 아냐?"

사례 8

「왜 세계의 절반은 굶주리는가?」 하브루타 독서

중학교 1학년 민서, 가은, 성수, 지민, 동영

*민서가 엄마와 하브루타 독서토론을 한 후 같은 방법으로 친구들과 해보았다.

사전 설문지 작성하기

참여자	민서, 가은, 성수, 지민, 동영
주제도서	왜 세계의 절반은 굶주리는가?(장 지글러 지음, 갈라파고스)
책 속 내용 파악하기	여러 기관과 저명인사들이 빈곤과 기아에 대한 최고의 책으로 추천해 2007년 국내에 출간된 이래 스테디셀러로 자리 잡은 책이다. 유엔 식량특별조사관을 지낸 장 지글러가 아들에게 기아의 진실을 들려준다. 식량 자체는 풍부한데도 가난한 사람들에게는 그것을 확보할 경제적 수단이 없다. 식량이 불공평하게 분배되는 바람에 안타깝게도 매년 수백만 명의 인구가 굶어 죽고 있다. 문제의 핵심은 사회구조에 있다. 이 책은 비참하게 살아가는 세계의 이웃들을 돌아보게 하고, 혹독한 기아의 참상이 일어나는 이유에 대해 알기 쉽게 설명하며 세계 시민으로서의 자세를 일깨운다. 독자들은 기아의 현장에서 어떤 사람들이 부당하게 이득을 보고 있고, 그런 이득들이 어떻게 재생산되며 얼마나 많은 어린이들이 굶주림으로 내몰리고 있는가를 상세하게 알 수 있다.
중심 단어(10개)	빈곤, 아프리카, 착취, 식량, 불공평, 분배, 사회구조, 유럽, 유엔, 굶주림
핵심 단어(3개) → 논제로 사용	아프리카, 굶주림, 분배

책 속 내용으로 좋은 질문 만들기

1	왜 세계의 절반은 굶주릴까?
2	왜 아프리카는 굶주리는데, 유럽 및 서방 국가들은 발전했을까?
3	자주적으로 사용할 수 없다는 건 무슨 뜻일까?
4	우리가 이들을 위해서 할 수 있는 일은 무엇일까?
5	왜 그들은 자기들끼리 싸울까?

독서토론 진행하기

민서 오늘 우리는 첫 선정 도서인 「왜 세계의 절반은 굶주리는가?」로 토론을 하려 합니다. 각자 책을 읽고 떠오른 생각과 친구들과 나누고 싶은 의견 등을 자유로이 말씀해주시길 바랍니다. 제가 먼저 시작해보겠습니다. 대부분 사람들은 '굶주림'이라는 단어를 접하면 아프리카를 떠올리는데요, 아프리카는 인류의 출발점이 되는 곳입니다. 그런데 왜 시간이 흐르며 아프리카는 빈곤과 기아에 휩쓸리게 된 반면, 유럽 및 서방 국가들은 발전했을까요?

동영 아프리카가 가진 자원 때문이라고 봅니다. 아프리카의 자원은 서방 국가들의 약탈 대상이 됐고, 계속 전쟁이 일어나게 하여 오히려 발전을 저해하는 원인이 되었다고 생각합니다. 잦은 전쟁은 아프리카 땅

	을 더욱 황폐하게 만들었을 것이고요.
가은	인종이 세계 전 지역으로 퍼지며 피부색에 변화가 오고 그로 인해 사람들끼리 선을 그으며 '우리는 다른 사람이다'라는 생각을 가지게 된 것 같아요. 아프리카의 검은 사람들을 약한 존재, 가치 없는 존재라고 차별하게 되면서 아프리카가 더욱 그런 환경에 놓이게 된 것 같습니다.
민서	다른 피부색이 차별의 원인이 되었다는 의견에는 동의하지 않는데요. 흑인들이 먼저 문화적으로 발전을 이루어냈다면 미의 기준은 흑인이 되지 않았을까 싶어요. 피부색으로 인해 아프리카가 도태되고 서방이 발전했다는 의견은 좀 달리 생각해보아야 하지 않을까 싶습니다.
성수	아프리카 사람들이 좀 원시적으로 살아가다보니 자원을 활용하는 방법을 몰라서 발전하지 못한 것이 아닐까요? 상대적으로 자원을 활용할 줄 아는 서구는 더욱 발전하게 되었고요.
민서	저도 그렇게 생각해요. 아프리카는 농사를 짓기 어려운 기후 조건을 가진 곳이 많지만 풍부한 자원을 보유하고 있어요. 콩고는 핸드폰의 주요 부품인 콜탄을 보유했기 때문에 내전이 끊이지 않는다고 배웠어요. 그 자원을 자국민의 생활을 위해 사용하면 좋을 텐데, 전쟁 자금으로 사용한다니 너무 슬픈 일인 것 같아요. 권력을 잡고 있는 세력들도 자금을 자주적으로 사용할 수 없는 것 같아요.

끊이지 않는 내전에 숨겨진 진실

지민 자주적으로 사용할 수 없다는 건 무슨 뜻일까요?

민서 다국적 기업에서 그들을 놔두지 않는다는 거죠. 권력을 잡고 국민을 위해 힘써 보려 해도 네슬레 같은 기업들이 자신들의 이익을 위해 여전히 그들을 자본의 노예로 부리고 있다는 거죠.

가은 그런 기업들의 횡포를 막을 수 있는 방법은 없을까요?

성수 힘이 너무 약해요.

동영 아프리카에서 내전이 계속 일어나고 서로 싸우는 이유가 그런 서구 세력이 계속해서 싸울 무기를 대주고 돈을 주기 때문이라고 봐요.

지민 싸우지 않고 서구의 간섭 없이 살 수는 없을까요? 내전을 계속하는 이유는 뭘까요?

동영 서로 땅을 차지하기 위함이 아닐까요? 물질에 대한 욕심. 나부터 잘 살고 보겠다는 이기심.

지민 네. 저도 인간의 이기적인 본성이 크다고 생각돼요.

민서 이기적인 본성은 나쁘다고만은 할 수 없는 것 같아요. 인간이 이기적이지 않았다면 약한 인간이 어떻게 지구상에서 최강자로 살아남을 수 있었을까 하는 생각이 들어요. 이기심은 악용되지 않아야 하지만 인간에게 필요한 조건일 수도 있지 않을까요? 아프리카 사람들은 인간의 나쁜 이기심으로 고통 받고 있는 것 같아요. 죄 없는 아이들이 굶어 죽어가는 건 너무 슬프고 안타까운 일이에요.

성수   권력자나 자본가들이 자신이 필요한 만큼씩만 취하고 나머지는 베풀며 사는 삶을 산다면, 적어도 굶주리는 사람들은 없어지지 않을까 싶어요. 누군가가 더 많이 가지려 하면 다른 쪽의 누군가는 빼앗겨야 하잖아요.

지민   저도 굉장히 안타까웠어요. 토마스 상카라 같은, 아프리카를 정말 발전시킬 수 있는 영웅도 다른 이의 시기심 때문에 결국 죽음을 맞이하게 됐잖아요. 그런 사람들을 지켜낼 수 없다면 아프리카에 발전이 올 수 있을까 싶었어요.

동영   맞아요. 인재가 많이 나와야 하고 아프리카인 스스로 독립심, 주체성이 생겨야 한다고 생각해요. 다국적 기업이 가장 무서워하는 건 아프리카인들의 자립성이 아닐까요?

가은   저도 그 의견에 동의해요. 우리도 일제강점기 시절 대부분의 사람들이 교육을 제대로 받지 못해 일본의 통치 자체에 대한 인식이 부족했던 것 같아요. 만약 많은 이들에게 교육을 받을 수 있는, 생각을 가질 수 있는 기회를 주었다면 역사는 달라졌을 것 같아요.

민서   맞아요. '아는 만큼 꿈꾼다'라고 하잖아요. 비행기의 존재 자체를 모르면서 비행기 조종사를 꿈꿀 수는 없을 테니까요.

우리가 할 수 있는 일

지민   지금 우리가 굶주리고 있는, 세상의 절반을 위해 할 수 있는 일은 뭘까요?

성수   후원을 먼저 해야 하지 않을까요? 학교를 세우고 아이들을 교육시켜 꿈꿀 수 있게 만들고 아프리카의 인재들로 키워낼 수 있게 도와야 하지 않을까요?

동영   저는 생각이 좀 달라요. 우리나라 안에도 아직까지 굶주리고 학교생활도 제대로 하지 못하는 친구들이 있어요. 내 안의 문제도 해결하지 못했는데 먼 세계의 사람을 먼저 돕는다는 건 좀 아닌 것 같아요.

가은   저도 그 의견에 동의해요. 뉴스를 접하다보면 아직 우리나라 안에도 힘든 친구들이 많이 보여요. 그 친구들에게 먼저 도움의 손길을 보내는 것이 순서 아닐까요? 우리가 서로서로 도우며 잘 살아야 남을 도울 수 있는 명분이 생기는 것 아닐까요?

성수   그래도 우리는 빈민국가는 아니죠. 물론 아직 해결해나가야 할 문제는 많지만 당장 죽음을 눈앞에 둔 아프리카와는 비교하기 힘들지 않을까요? 어쩌면 각 나라마다 우리 문제부터 해결하겠다고 미루다보면 아프리카는 나중에 정말 일어서기 힘들어질 수 있다는 생각이 들어요.

지민   저도 성수 의견에 동의해요. 우리나라는 그래도 사회복지나 지원이 이루어지는 나라잖아요. 그러나 아프리카는 태어난 아이들이 1년을 채 채우지 못하고 죽는 경우가 다반사라고 이 책에 나와 있어요. 복지라거나 지원은 꿈꿀 수조차 없어요.

민서 슬픈 역사죠. 한국전쟁이 일어났을 때 힘없고 작은 땅이었던 대한민국에, 세계인들이 잘 알지도 못했던 이 땅에 아프리카 군인들까지 와서 도와 대한민국을 지켜냈다고 배웠어요. 만약 그때 참전했던 각 나라의 사람들이 '우리도 힘드니 우리부터 잘살자'고 했다면 우리는 이 자리에 없을지도 몰라요. 아프리카인들까지 목숨 걸고 싸워준 결과가 지금의 대한민국이라고 생각한다면 조금 생각이 달라질 수도 있지 않을까요?

가은 그럼 아프리카에서 벌어지고 있는 다국적 기업의 횡포를 막아낼 방법은 없을까요?

동영 아프리카인들은 지금도 여전히 '부족' 개념이 강한 것 같아요. '국민'이라는 개념을 갖고 똘똘 뭉쳐 싸워 이겨야 하는데 아직도 좀 그런 부분이 약한 것 같아 안타까워요.

가은 우리가 그들을 도와 교육을 받게 하더라도 아프리카가 달라질 거라는 보장이 정말 있을까요?

지민 정말 우리가 착한 마음을 갖고 제대로 후원해줄 수 있다면 달라질 수 있다고 봐요. 그러나 먼저 미국이나 프랑스 같은 나라들이 자국 내의 인식을 바꿀 필요가 있다고 생각해요. 기업의 이윤을 늘 우선시하는 한 아프리카에 변화를 가져오기는 정말 힘든 일일 테니까요.

동영 많은 나라들이 아프리카를 지원하고 있어요. 하지만 그 지원금이 골

고루 돌아가고 있지 않으니 계속 악순환이 반복되고 있는 것 아닐까요?

민서   거대 기업들과 그 기업을 후원하는 나라들이 아프리카의 발전과 자립을 원하지 않는 한 변화가 크게 와 닿지 않을 것 같아요.

가은   그럼 스스로 변화하도록 유도해야 할 듯해요. 큰 세력에 휩쓸리지 않고 스스로 현재가 아닌 미래를 꿈꾸며 자립할 수 있도록 말이에요.

아이들   네가 아프리카에 가서 가르친다고? 잘 가~(웃음)

지민   당장은 아니더라도 대학생이 되면 가능할 것 같아요.

가은   아프리카의 기근이 얼마나 심한지 아이들이 얼마나 힘든지 우리가 동영상 등을 제작해서 유튜브 같은 곳에 홍보하면 좋을 것 같아요.

성수   저도 동감이에요. 가은이 의견처럼 우리는 시각적인 게 중요한 세대니까요. 동영상을 제작해 많은 이들에게 아프리카의 현실을 알게 하는 것이 중요한 것 같아요.

민서   저는 월간 기부를 하고 있어요. 친구들이 용돈을 좀 절약해 조금씩만 보내줘도 그들에게는 교육을 받을 수 있고 굶주리지 않을 수 있는 큰 힘이 될 것 같아요.

동영   공정 무역 제품을 사용하는 것도 방법이지 않을까 싶어요. 힘들게 일한 이들의 급여를 착취하지 않는 깨끗한 기업의 물건을 소비하는 거죠.

민서   여러분들의 다양한 의견 감사합니다. 오늘 토론은 이쯤에서 정리하고요. 이 문제는 앞으로도 우리에게 남겨진 숙제가 아닐까 싶어요.

적어도 인간이 태어나 꿈을 꿀 수 있는 환경을 만들어가는 데 우리 모두가 힘써야 하지 않을까요? 이건 남의 문제가 아닌 지구촌에서 일어나는 우리의 일이라는 인식을 가져야 한다고 생각합니다.(모두 박수)

간단하게 논설문 작성하기

　세계 인구의 두 배도 넘는 사람들이 먹고도 남을 식량이 생산되는데 왜 인구 절반이 굶주리는 걸까? 중간에서 욕심을 부려 더 많은 이익을 얻기 위해 식량 가격을 조작하는 국제 곡물상, 유럽연합처럼 자기 나라의 농민을 보호하기 위해 벌이는 농산물 덤핑 정책, 불쌍한 자기 나라 국민을 보호하지 않고 착취와 수탈의 대상으로 여기는 부패한 정치권력 때문이다.
　빈곤에서 벗어나려면 어떻게 해야 할까? 자주적으로 살아갈 힘을 키워야 한다. 아프리카는 농사짓기 어려운 자연환경을 가졌지만 풍부한 자원을 보유하고 있다. 콩고는 핸드폰의 주요 부품인 콜탄을 보유하고 있다. 그러나 이를 제대로 활용하지 못하고 내전에 쓰고 있으니 너무 슬픈 일인 것 같다. 아프리카 스스로 자주성을 가지고 국민들이 일할 수 있도록 사회제도를 바꾸고 교육을 시켜야 한다.

　또한 세계는 아프리카의 가난을 해결하기 위한 방법을 생각해야 한다. 우리나라 또한 전쟁으로 매우 가난한 나라였지만 노력하여 지금은 잘사는 나라가 되었다. 우리나라가 어려울 때 많은 나라에서 도와주었기 때문에 가능한 일이었다. 우리도 그들을 도울 수 있는 방법을 생각하고 실천해야 한다. 모든 인간은 나라나 인종의 구분 없이 누구나 소중하고 존중받아야 한다.
　지금까지 세계는 잘살기 위해 여러 가지 제도와 기구들을 만들어왔다. 우리나라의 경우 구휼제도가 있었고, 유엔과 유네스코 같은 국제기구, 굿네이버스나 월드비전 같은 민간 구호단체 등이 있다.
　많은 사람이 기아 문제에 대해서 알았으면 좋겠다. 우리는 배고프지 않다. 우리가 음식이 맛이 있니 없니를 따지고 있을 때 세계 절반의 사람들은 먹을 것이 없어서 죽어간다. 내게 주어진 것에 감사하고 또 어려운 나라들을 위해 조금이라도 도울 수 있는 사람이 되고 싶다.

사례 9

「외투」하브루타 독서
중학교 1학년 동윤, 형민과 엄마 임정현

사전 설문지 작성하기

참여자	동윤, 형민, 엄마
주제도서	외투(니콜라이 고골 지음, 문학동네)
책 속 내용 파악하기	러시아 작가 니콜라이 고골이 1842년에 발표한 작품이다. 중년이 될 때까지 서류 정서만을 직업으로 해오던 평범하고 가난한 말단 관리 아카키 아카키예비치의 이야기다. 아카키는 어느 겨울 오래 입은 외투가 다 해져서 할 수 없이 없는 돈을 털어 새 외투를 사 입는다. 그런데 새 외투를 입은 아카키를 대하는 주변 사람들의 자세가 달라진다. 그동안 가난한 말단 공무원이라고 무시하던 주변 사람들의 시선이 달라졌다. 그러나 바로 다음 날 노상강도에게 외투를 도둑맞는다. 그것을 되찾기 위해 필사적으로 노력했지만 경찰서장이나 관리의 조롱을 받을 뿐 새 외투를 찾지 못하고 절망한 나머지 그는 죽는다.
중심 단어(10개)	관청, 외투, 9급 문관, 돈, 싸개, 새 외투, 유령, 페테르부르크, 관료제도, 무시
핵심 단어(3개) → 논제로 사용	새 외투, 유령, 무시

책 속 내용으로 좋은 질문 만들기

1	아카키에게 새 외투는 어떤 의미였을까?
2	사람들은 새 외투를 입은 아카키를 어떻게 생각했을까?
3	작가는 왜 유령을 등장시켰을까?
4	각자 현재 자신에게 어떤 외투가 필요한가?
5	아카키는 왜 유령으로 다시 나타났을까?

독서토론 진행하기

동윤 새 외투는 아카키에게 어떤 의미였을까?

형민 새 외투는 자기의 자존감을 살려주는 최고의 선물 같은 게 아니었을까? 새 외투를 입으면서 평생 없었던 열망 같은 게 생기고, 정신적으로 외투에 의존하는 것을 보면.

동윤 왜 그 관리는 출세할 기회가 있었는데 거절했을까?

형민 그 사람은 선천적으로 출세에 대한 큰 욕망이 없는 사람인 것 같아. 그리고 다양한 일을 시도하기보다는 현실에 안주하는 사람 같아.

형민 죽고 나서 외투 유령이 되었다는데 실제로 존재하는 걸까?

동윤 소설이어서 실제적이지는 않지. 유령 자체가 초월적이고 비현실적인데, 고전소설을 보면 비현실적인 존재를 등장시키는 경우가 많잖아.

예를 들면 「토끼전」 같은 데서 토끼의 간을 빼다던가. 여기서는 작가가 비현실적인 것을 들어 너무나 현실적인 아카키를 비교하는 것 같아. 현실적인 아카키가 아무것도 하지 못하고 수동적인 반면, 유령은 굉장히 능동적으로 자신의 의지를 실현함으로써 쾌감을 주는 것 같아 기분이 좋았어.

형민 책 중간에 파티에 초대받은 아카키가 길을 가다가 책 내용과 그리 상관없는 미인 같은 인물을 만나는 장면이 등장하는데 왜 그랬을까?

동윤 이 소설이 가지는 특징인데, 보통 메인 스토리를 좀 더 효과적으로 보여주기 위해서 서브 스토리를 설정하잖아. 나는 이게 그런 게 아닌가 싶어. 작가는 다양하고 많은 이야기를 독자에게 전달하기 위해 그런 장치를 쓴 것 같아.

엄마 유령이 안 나오고 그냥 죽음으로 끝날 수도 있었잖아. 그런데 왜 갑자기 유령을 등장시켰을까?

동윤 고전소설의 특징이 우연적이고 비현실적이라서요.

엄마 그냥 고전소설의 특성상 그런 걸 넣어서 흥미를 돋우기 위해 그런 거라고 생각해?

동윤 아니면 카타르시스를 주기 위해서요.

형민 굉장히 획일적으로 움직이던 조직이 유령이 나타나면서 조금씩 반성하잖아요. 작가가 그런 걸 의도해서 유령을 등장시킨 게 아닐까요?

동윤 유령이 등장하지 않았다면 갈등도 거의 없이 끝나는 것 아닐까요?

엄마　결말에서 유령을 등장시킨 것은 작가가 독자들을 위한 어떤 의도가 있었던 게 아닐까? 예를 들어 유령을 등장시키지 않았다면, 아카키를 그저 보잘것없고 하찮은 일을 한다고 무시하던 사람들이 아무 죄의식 없이 살던 대로 살겠지. 그저 외투를 새것으로 바꿨을 뿐인데 그 이유로 친절을 베풀다가, 새 외투를 잃어버리자 아무도 도와주려 하지 않는 인간의 이중성을 고발하고 싶었던 게 아닐까?

동윤　고위직 관리들은 유령의 등장으로 굉장히 두려워했던 것 같아요. 그리고 아카키와 같은 곳에 살던 사람들도 다시 한 번 생각했을 것 같아요.

이태준의 「복덕방」과 닮은 소설

엄마　우리 현실과 책 내용을 접목해볼까? 어떤 일이 있을까?

동윤　지금 대한민국 사회는 공무원이 되기 위해서 열심히 노력하잖아요. 이 책에서는 9급 문관이라고 멸시를 받는데, 시대가 변하고 고용이 불안해지다보니 이렇게 평범하게 사는 것도 좋은 것 같아요. 어찌 보면 꿈이 없어진 사회가 된 것 같아요. 아카키는 남들은 9급이라고 무시했지만 자신은 그 일을 매우 좋아했어요. 거리를 걸어갈 때도 글씨가 막 튀어나오고 할 정도로 자기가 하는 일에 만족했어요.

형민　이 사람은 출세에 대한 욕망이 없는 사람 같아.

동윤　그래도 이 사람은 자기 일을 좋아했는데 지금 우리의 현실에서는 그럴 수 있을까?

형민　이태준 작가가 쓴 「복덕방」이라는 책이 있는데 거기에 나오는 노인과 비슷한 것 같아.

엄마　어떤 내용인데?

형민　욕망이 많은 노인이 땅 투기를 하다가 죽음에 이르는 내용인데 맥락이 비슷한 것 같아요.

엄마　「외투」에서 아카키는 그저 평범한 사람인데, 「복덕방」에서의 노인은 처음부터 그런 사람인 거야? 아니면 그저 평범하게 살다가 마음속에 욕망이 생기면서 변한 거야?

형민　처음에는 작은 꿈을 가지고 절약하고 노력해서 원하는 땅을 갖게 돼요. 그것만으로도 충분히 행복했는데, 점점 욕심이 생기면서 무리한 선택을 했어요.

엄마　그렇구나. 그럼 다시 「외투」 내용으로 돌아가서 작가는 무슨 말을 하고 싶었던 걸까?

동윤　이 소설은 개인의 타락이 아니라 사회의 타락을 얘기하고 문제제기를 한다고 생각해요.

엄마　여기서 가장 인상에 남는 인물이 누구였니?

형민　술주정뱅이요. 이 사회가 술을 먹지 않고는 살아갈 수 없을 정도로 힘들다는 것을 이야기하는 것 같았어요.

엄마　서로 질문하고 답하며 책에 대해 이야기하니까 어땠어?

동윤   혼자서 책을 읽을 때보다 훨씬 재미있고 제가 미처 보지 못한 부분까지 발견할 수 있었어요.

형민   사실 책을 대충 읽고 왔는데 얘기하면서 내용을 전부 이해했어요. 좀 신기한 경험이에요.

엄마   나는 중학교 때 책을 참 많이 읽었는데 그때 혼자서만 읽지 말고 같이 읽었으면 정말 좋았을 텐데 하는 생각이 들었어. 오늘 즐거웠어.

간단하게 논설문 작성하기

외투는 사회 모순에 관해 얘기한다. 단순히 외적으로 보이는 것만으로 평가하고 판단하는 사회의 시선은 옳지 않다고 생각한다. 아카키는 처음에 자신의 현재에 만족하고 자신의 직업에 최선을 다하며 살아가는 평범한 사람이었다. 그에게 새 외투가 생기면서 세상 사람들의 시선이 달라지고, 아카키 역시 새로운 욕망이 생기기 시작하였다. 아카키에게 새 외투는 세상으로 자신 있게 나아갈 수 있는 힘이고, 새로운 꿈이 된 것이다. 그 또한 자신을 무시하던 사람들처럼 새 외투 하나로 새로운 세상에 대한 꿈을 꾸고 있었는지 모른다.

이와 유사한 작품이 있다. 이태준 작가의 「복덕방」이다. 이 작품 속의 노인과 아카키는 처음에는 소박한 마음으로 꿈을 꾸었고, 그 꿈을 이루는 순간 행복했었다. 그러나 욕망이라는 옷을 입게 되면서 불행해진다. 그 과정이 비슷하다. 세상을 물질로만 판단하려는 시선은 옳지 않다. 새 외투를 잃어버리자 삶의 의욕을 상실하고 죽은 아카키나 투자한 부동산이 실패하여 삶을 버린 노인이나 스스로를 지켜낼 만큼의 자존감이 없었기 때문에 물질로 대변되는 세상을 이겨내지 못한 것이다.

우리가 사는 현재도 좋은 집, 유명한 대학, 좋은 직업을 얻기 위해 노력한다. 이것이 나쁜 것은 아니다. 그러나 보이는 것 이상으로 마음을 잘 가꾸어야 한다. 사람들은 아카키가 새 외투를 입자 외형만 보고 반응이 달라졌다. 그의 본질적인 존재는 바뀌지 않았는데도 말이다. 단지 외투만으로 판단하는 어리석은 사람들에 대한 작가의 날카로운 비판을 나도 마음에 새기고 살아야겠다.

엄마가 쓴 하브루타 독서토론의 장단점

좋은 점	1 책을 읽고 느낀 점이나 의문점에 대해 대화를 하면서 생각의 폭이 넓어지고 책에 대해 정리가 된다. 2 다른 사람의 시각을 통해 새로운 관점과 흥미가 생긴다. 3 다양한 질문을 통해 책의 중요한 논점들이 파악된다. 4 읽지 않은 책도 질문을 통해 내용이 파악되고 책에 대한 흥미가 생긴다.
어려운 점	1 질문이 습관화되지 않아 어색하고, 적절한 질문을 찾기가 쉽지 않다. 2 상대가 한 질문에 적절하게 대답하기가 쉽지 않다. 질문이 습관화되면 해결될 것 같다. 3 책을 같이 읽고 친구들과 여유 있게 대화할 수 있는 여건과 환경을 접하기가 어렵다.
건의 사항	1 하브루타 방식의 독서를 할 수 있는 환경이 학교생활에 도입이 되었으면 좋겠다. 2 원하는 친구들이 하브루타 독서를 경험할 수 있는 프로그램이 많아졌으면 좋겠다.
진행 후의 느낌	대화를 통한 독서법인 하브루타 방식을 이해하니, 독서의 취지에 맞는 제대로 된 토론을 하면 이해와 폭넓은 사고에 도움이 되겠다는 생각이 들었다.

사례 10

「수요일의 기차 여행」 하브루타 독서

중학교 1학년 동영과 엄마 이승옥

사전 설문지 작성하기

참여자	동영, 엄마
주제도서	수요일의 기차 여행(실비아 하인라인 지음, 문학수첩 리틀북스)
책 속 내용 파악하기	장애인인 훌다 이모를 안전을 이유로 과잉보호하는 사라 부모에게 저항하는 훌다 이모와 사라의 가출 이야기다. 훌다 이모는 비록 장애는 있지만 일반인과 생활하는 것을 두려워하지 않는다. 그런 훌다 이모를 이해하는 조카 사라와는 달리 사라의 부모는 이모의 안전만을 강조하면서 이모를 격리시키려고 한다. 물론 훌다 이모를 걱정하는 마음은 알지만 이모의 입장을 전혀 고려하지 않는다. 훌다 이모가 동생에게 "존중한다는 건 받아들인다는 거야. 그리고 받아들인다는 건, 그 사람을 있는 그대로 좋게 생각해주는 거야."라고 말하며 자신을 보호하여 아무것도 하지 못하게 하는 것이 사랑이 아님을 이야기한다.
중심 단어(10개)	안전, 친절, 존중, 결정, 중증 장애인, 가족, 질서, 차별, 과잉보호, 자기 선택
핵심 단어(3개) → 논제로 사용	존중, 장애, 보호

책 속 내용으로 좋은 질문 만들기

1	사람은 누구나 존중받아야 하는데 왜일까?
2	장애인 올림픽 금메달리스트 신의현 선수를 보고 왜 훌다 이모가 떠올랐을까?
3	사라의 엄마는 왜 늘 언니에게 뭐가 좋고 뭐가 안 좋은지 제일 잘 아는 사람은 자신뿐이라고 했을까?
4	사라의 엄마가 언니를 존중하기 위해서 해야 할 일은 무엇일까?
5	신의현 선수와 훌다 이모를 만난다면 하고 싶은 이야기는?

독서토론 진행하기

엄마 이 책을 다 읽고 난 다음에 제일 먼저 든 생각이 뭐였어?

동영 누구든 사람으로서 존중해야 된다?

엄마 아, 그래? 이 이야기는 장애를 가진 사람의 이야기인데?

동영 응. 장애를 가진 사람들이 얼마나 힘들까 하는 생각보다는 같은 인간으로서 존중해주는 것이 더 중요하다고 느꼈어.

엄마 우리가 장애인이라고 해서 도울 필요는 없을까?

동영 물론 도와야지. 그런데 사람마다 스스로 할 수 있는 일이 있잖아. 아무리 장애인이라고 하더라도 말이야.

엄마 　장애인이라도 무조건 도움을 주려 하는 건 옳지 않은 거라고 생각해?

동영 　맞아. 이 책에서 훌다 이모는 오히려 보통 사람보다 마음이 따뜻하고 열정이 넘치는 사람 같아.

엄마 　하하하. 맞아. 가출까지 했잖아. 훌다 이모는 왜 가출까지 했을까?

동영 　훌다 이모가 장애인이기는 하지만, 정말 사랑하는 가족이라면 무조건 돕기보다 스스로 할 수 있는 일을 할 수 있게 지켜봐주고 응원해주는 것이 더 중요하다고 생각해.

엄마 　그렇구나. 이 이야기의 주인공이 장애인이긴 하지만 장애인과 상관없이 모든 사람에게 주는 메시지가 있어. 사람을 존중하는 건 그 사람을 위해 무슨 일을 하는 것이 아니라 그 사람이 하는 일을 이해하고 지지해주는 것이라고 느껴지는데…….

동영 　맞아. 사라 엄마가 책임감이 강한 것은 좋은데, 훌다 이모에게 자신의 뜻에 따르도록 하는 건 인간적인 존중이 아니라고 생각해.

엄마 　그래, 동영아. 엄마도 이 책을 읽으면서 내가 낳은 자식이라도 내 뜻대로 무조건 끌고 와서는 안 된다고 느꼈어. 아들, 미안해. 그럼 사라 엄마는 훌다 이모를 위해 어떻게 해야 할까?

동영 　사라 엄마는 언니인 훌다 이모를 장애인라는 이유로 마치 B급 인간 취급하는 것 같았어. 이모는 장애인이기 전에 사람이니까 본인이 하고 싶은 걸 하도록 놔두는 게 맞아.

엄마 　사라 엄마는 왜 그렇게까지 훌다 이모를 통제하게 된 걸까?

동영 처음에는 사랑해서 책임지려 한 것 같아.

엄마 엄마가 자식을 키우며 느낀 건데 누군가를 책임지는 상황이 오면 가장 쉬운 방법이 통제하는 것이거든. 아마 사라 엄마도 처음엔 사랑하는 마음에서 언니를 평생 책임져야겠다는 생각을 했을 거야. 그러다가 자기 삶이 너무 힘든 나머지 훌다 이모의 의견이나 생각을 존중하기보다 손쉬운 통제를 자기도 모르게 사용한 게 아닐까?

동영 사라 엄마가 무조건 나쁘다고만 생각했는데, 엄마 말을 들어보니 방법이 잘못된 거지 마음이 잘못된 건 아닌 것 같아. 지금이라도 훌다 이모의 마음을 알았으니 존중하려고 노력하면 좋을 것 같아.

용기를 준 훌다 이모와 신의현 선수

엄마 장애인 이야기가 나와서 하는 얘긴데 너 패럴림픽이라고 알지?

동영 응. 동계올림픽 끝나고 장애인들이 하는 올림픽 경기 말하는 거잖아.

엄마 그래 거기서 금메달리스트 신의현 선수가 한 인터뷰 기사 본 적 있어?

동영 응. 나 신의현 선수 인터뷰 보고 훌다 이모가 떠올랐어.

엄마 왜? 둘 다 장애인이라는 공통점 때문에?

동영 물론 그것도 있지. 그런데 둘은 닮은 점이 있어. 둘 다 좌절하지 않고 자기 인생을 열정적이고 적극적으로 사는 모습이 닮았어.

엄마	맞아. 사람한테 큰 불행이 닥쳤을 때 그것을 이겨내는 것은 쉽지 않아. 그런데 두 사람 모두 극복하는 모습을 보여줘서 신체가 멀쩡한 우리 같은 사람이 사소한 일로 힘들어했던 일들이 부끄럽게 느껴졌지.
동영	사실 나도 얼마 전에 머리 깎는 일로 엄마에게 투정부린 게 부끄럽네.
엄마	홀다 이모나 신의현 선수를 직접 만난다면 넌 무슨 얘기를 하고 싶니?
동영	'작은 일에 좌절했던 나를 반성하게 해주셔서 고맙고, 어떤 상황에서도 희망을 잃지 않게 용기를 주셔서 감사합니다'라고 말하고 싶어.
엄마	그래. 큰 장애가 있음에도 불구하고 남에게 큰 희망을 줄 수 있다는 건 박수 받아 마땅한 일인 것 같아. 이 책을 읽고 함께 홀다 이모나 신의현 선수에 대해서 이야기를 하면서 우리 아들 생각을 들을 수 있어서 참 좋았어요. 동영이는 어땠니?
동영	책을 읽고 이렇게 엄마와 이야기를 나누니까 책 속 이야기를 잘 이해할 수 있어서 좋았고, 엄마와 많이 친해진 것 같아. 다음에 또 해요.

간단하게 논설문 작성하기

훌다 이모는 몸이 불편하다. 그런데 우리는 몸이 불편하다는 이유로 그 사람의 마음을 생각하지 않는 것 같다. 그건 옳지 않다. 왜냐하면 외형적인 모습이 조금 다르다고 일방적으로 보호하려고만 하고 분리하려고 한다면 그 사람은 우리와 함께 살아갈 수 없다. 그것은 그 사람을 존중하는 것이 아니라 불쌍하게 보거나 동정하는 것이라고 나는 생각한다. 장애인일지라도 사람을 존중하는 건 그 사람을 위해 무슨 일을 하는 것이 아니라 그 사람이 하는 일을 이해하고 지지해주는 것이라고 느껴진다.

이 책에서 훌다 이모는 장애인이기 전에 사람이니까 본인이 하고 싶은 걸 하도록 놔두는 게 맞다. 엄마가 이렇게 말씀하셨다. "자식을 키우며 느낀 건데 누군가를 책임지는 상황이 오면 가장 쉬운 방법이 통제하는 것이거든. 아마 사라 엄마도 처음엔 사랑하는 마음에서 언니를 평생 책임져야겠다고 생각했을 거야. 그러다가 자기 삶이 너무 힘든 나머지 훌다 이모의 의견이나 생각을 존중하기보다 손쉬운 통제를 자기도 모르게 사용한 게 아닐까 생각해." 그런데 그건 사랑이라고 말할 수 없을 것 같다.

우리나라 신의현 선수는 장애인이지만 그것을 극복하고 멋지게 금메달을 땄다. 아마 신의현 선수를 보호한다고 또는 위험해질까봐 집에서만 지내게 했다면 지금처럼 멋진 인생을 살지 못했을 것이다. 훌다 이모와 신의현 선수는 닮았다. 둘 다 좌절하지 않고 자기 인생을 열정적이고 적극적으로 사는 모습을 보고 나도 배웠다.

작은 일에 좌절했던 나를 반성하고, 어떤 상황에서도 희망을 잃지 않고 용기를 내어 열심히 살아야겠다고 생각한다.

엄마가 쓴 하브루타 독서토론의 장단점

좋은 점	1 기존의 주입식과 다르게 서로의 생각을 들어볼 수 있는 기회가 된다. 2 내가 처음 이해한 내용과 다른 내용을 파악할 수 있어서 새로운 방향으로 글을 보게 된다.
어려운 점	1 지적 수준의 차이로 인해 일방적인 설명으로 갈 가능성이 있다. 2 상대방의 의견을 존중하고 경청하는 자세가 필요하다.
건의 사항	다양한 곳에서 이런 문화를 접할 수 있는 기회가 있었으면 한다.
진행 후의 느낌	부모와 아이의 생각 차이를 발견할 수 있어 서로를 이해하는 데 도움이 된다.

••••

"사라 엄마가 책임감이 강한 것은 좋은데,
훌다 이모에게 자신의 뜻에 따르도록 하는 건
인간적인 존중이 아니라고 생각해."

유익한 정보와 다양한 이벤트가 있는
리스컴 블로그로 놀러 오세요!

홈페이지 www.leescom.com
맛있는 책 카페 cafe.naver.com/leescom
리스컴 블로그 blog.naver.com/leescomm

독서와 질문으로 생각하는 힘 키우기
하브루타 창의력 수업

글 | 유순덕

책임편집 | 남은영
편집 | 김연주 이희진
디자인 | 양혜민
마케팅 | 김종선 이진목
경영관리 | 강미선

인쇄 | 금강인쇄

초판 1쇄 | 2018년 7월 2일
초판 3쇄 | 2018년 8월 24일

펴낸이 | 이진희
펴낸곳 | (주)리스컴

주소 | 서울시 강남구 광평로 295, 사이룩스 서관 1302호
전화번호 | 대표번호 02-540-5192
　　　　　　영업부 02-540-5193
　　　　　　편집부 02-544-5933 / 544-5944
FAX | 02-540-5194
등록번호 | 제2-3348

이 책은 저작권의 보호를 받는 출판물입니다.
이 책에 실린 사진과 글의 무단 전재 및 복제를 금합니다.
잘못된 책은 바꾸어 드립니다.

ISBN 979-11-5616-151-6　13590
책값은 뒤표지에 있습니다.